Memorial do amor
&
Vacina de sapo

OBRAS DE ZÉLIA GATTAI PUBLICADAS
PELA COMPANHIA DAS LETRAS

Anarquistas, graças a Deus
A casa do Rio Vermelho
Chão de meninos
Um chapéu para viagem
Città di Roma
Códigos de família
Crônica de uma namorada
Jardim de inverno
Jonas e a sereia
Memorial do amor & Vacina de sapo
Pipistrelo das mil cores
O segredo da rua 18
Senhora dona do baile

Memorial do amor
& Vacina de sapo

Companhia Das Letras

Copyright © 2012 by Gattai Produções Artísticas Ltda.
Memorial do amor: 1ª edição, Record, Rio de Janeiro, 2004
Vacina de sapo: 1ª edição, Record, Rio de Janeiro, 2005

Grafia atualizada segundo o Acordo Ortográfico da Língua Portuguesa de 1990, que entrou em vigor no Brasil em 2009.

Projeto gráfico
Rita da Costa Aguiar

Imagem de capa
Xilogravura de Calasans Neto

Pesquisa iconográfica
Bete Capinan

Preparação
Cacilda Guerra

Revisão
Ana Luiza Couto
Ana Maria Barbosa

Dados Internacionais de Catalogação na Publicação (CIP)
(Câmara Brasileira do Livro, SP, Brasil)

Gattai, Zélia, 1916-2008.
  Memorial do amor & Vacina de sapo / Zélia Gattai. — 1ª ed. São Paulo :
Companhia das Letras, 2013.

  ISBN 978-85-359-2210-3

  1. Amado, Jorge, 1912-2001 2. Escritores brasileiros - Biografia.
  3. Gattai, Zélia, 1916-2008. I. Título.

12.14799   CDD-869.9803

Índice para catálogo sistemático:
1. Escritores brasileiros : Memórias : Literatura brasileira 869.9803

[2013]
Todos os direitos desta edição reservados à
EDITORA SCHWARCZ S.A.
Rua Bandeira Paulista, 702, cj. 32
04532-002 — São Paulo — SP
Telefone: (11) 3707-3500
Fax: (11) 3707-3501
www.companhiadasletras.com.br
www.blogdacompanhia.com.br

SUMÁRIO

Memorial do amor, 7
Vacina de sapo e outras lembranças, 97

Memorial do amor

Ao amor

PREFÁCIO
Paloma Amado

Durante 56 anos foram só Ela e seu amor. Destes 56, por quarenta anos estiveram juntos na Bahia. Primeiro buscando a casa, depois comprando a casa, em seguida reformando a casa, para finalmente nela morarem.

Juntos plantaram o jardim, juntos criaram os filhos e viram nascer os netos, juntos cuidaram de seus bichinhos, tantos, juntos cultivaram a amizade. Os amigos estiveram presentes do primeiro ao último dia. Toda sorte de sentimentos sentiram juntos: da maior alegria à mais profunda tristeza, ternura, compaixão, raiva, amor profundo.

Sem perder a individualidade, foram se fundindo e juntos se amalgamaram à casa: uma perfeição.

De repente, não mais que de repente, como disse o poeta, o cristal se rompeu. Os tufões e furacões do mundo inteiro, aqueles que salvaram o sonho do comandante Vasco Moscoso de Aragão, provocaram a maior balbúrdia na casa do Rio Vermelho.

Ele se foi, não por gosto seu, que se pudesse não sairia do regaço de sua amada, mas porque não tinha mais jeito. Os fantasmas e as máquinas infernais, aquelas que fotografam o homem por dentro, não o deixavam mais em paz.

Ficaram Ela e a casa. Ficaram os filhos, os netos, agora

também bisnetos, ficaram os bichos e as plantas... Nada disso importa, se Ele não está. Ele quis ficar ali, sob a mangueira preferida, mas o banco que a circunda ficou vazio de sua presença viva. O que fazer? Insuportável a casa sem Ele, insuportável esta distância dele e de sua mangueira.

Grande a dificuldade da decisão. A generosidade, qualidade exercida diariamente pelo casal, veio em socorro: "Deixe que a casa seja aberta a toda essa legião de amigos e admiradores que querem vir reverenciá-lo, sentar ao seu lado na mangueira, puxar um dedinho de prosa, parecendo doido falando sozinho". Como fechar as portas, trancar-se dentro da casa e viver de sombras e fantasmas?

Sair da casa não foi fácil, mesmo sabendo que era a escolha acertada. Como sobreviver? A resposta veio rápida, junto com a decisão de transformar a casa num memorial em homenagem ao homem de sua vida, ao escritor que o Brasil tanto ama: o Memorial Jorge Amado. Como sobreviver? Escrevendo as histórias desta casa que abrigou tanto carinho, tanto afeto. Nascia o *Memorial do amor*, livro que agora se publica.

Este livro, que Zélia Gattai terminou de escrever aos 88 anos, em plena forma de sua espantosa juventude, foi inspirado na saudade, no amor, na amizade e na generosidade. Nele encontramos tudo isso elevado à sua máxima potência, contado da mesma forma simples e direta que marca sua obra.

Muito se tem trabalhado para que a casa do Rio Vermelho seja aberta ao público, mas os trâmites burocráticos são mais lentos do que o desejado. Por mais emoção que se empenhe ao projetar o Memorial J. A., a burocracia é bicho frio e vagaroso. Zélia, ao contrário, atirou-se de corpo e alma ao seu trabalho literário, fazendo com que seu *Memorial* anteceda ao outro. Felizmente, não é necessária a visita à casa para entender o livro, ele somente dará água na boca, e no momento oportuno é só vir ao Rio Vermelho e reconhecer objetos, histórias e personagens.

Desejo a todos uma boa leitura!

DESPEDIDA

Sobre nossa casa, de Jorge e minha, na rua Alagoinhas, 33, no bairro do Rio Vermelho, em Salvador da Bahia, muito já se disse, muito se cantou. Citada em prosa e verso, sobra-me, no entanto, ainda o que dela falar.

Fico pensando se alcançarei escrever todas as histórias, tantas, de gente e de bichos que nela passaram nesses quarenta anos lá vividos.

Neste momento, quando me despeço do lugar onde passei o melhor tempo de minha vida, ao deixar Jorge repousando sob a mangueira por nós plantada no jardim, mil lembranças afloram-me à cabeça. Lembro-me de coisas que para muitos podem parecer tolas, mas que para mim não são.

Lembro-me, por exemplo, de duas mimosas lagartixas que viviam atrás de um quadro de Di Cavalcanti, acima da televisão da sala, e que tanto nos divertiram. Um belo dia elas apareceram, sem mais nem menos: uma toda rosada, quase transparente; a outra com listras escuras em volta do corpo. Jorge foi logo escolhendo: "A 'zebrinha' é minha". A mais bonita, pois, ficou sendo a dele. A outra, que jeito? De dona Zélia.

Recostados em nossas poltronas, após o jantar, para assistir aos noticiários de TV, vimos, pela primeira vez, as duas saírem de seu esconderijo, uma atrás da outra, direto para uma lâmpada acesa, no alto, reduto de mosquitos e de bichinhos atraídos pela luz. "Elas agora vão jantar", disse Jorge.

Dito e feito: as duas se aproximaram docemente da claridade, estancaram a uma pequena distância da lâmpada e, imóveis, na moita, só observando. De repente, o bote fatal foi desfechado e lá se foi um dos insetos para o bucho da lagartixa de Jorge. Diante do perigo, quem era de voar voou, quem era de correr, correu, lá se foram os bichinhos, não sobrou um pra remédio, o campo ficou limpo.

Estáticas, as duas sabidas aguardaram pacientes a volta das vítimas, que, inocentes, aos poucos foram criando coragem e se chegando para, ainda uma vez, cair na boca do lobo. Ainda uma vez o lobo foi a zebrinha, que, como num passe de mágica, abocanhou um mosquito. Encantado, Jorge ria de se acabar, provocando-me: "A tua não é de nada!". Eu protestei e ele riu mais ainda.

Brincadeira boba, inocente, passou a ser nosso divertimento durante muitas e muitas noites, muitas e muitas noites voltamos à nossa infância.

A BUSCA E O ENCONTRO

Ao contrário do que imagináramos, não foi fácil encontrarmos um lugar ideal para morar na Bahia.

Finalmente, chegamos a essa casa em fins de 1961. Em realidade, não era propriamente essa casa, mas sim o local onde agora ela está.

A morada, em si, não era lá essas coisas, no estado em que se encontrava não nos servia. Para habitá-la, fazia-se necessária e urgente uma grande reforma. Situada no Rio Vermelho, bem no alto da rua Alagoinhas, apesar dos pesares, ela nos brindaria com esplêndida vista sobre o largo de Sant'Ana e do mar sem fim.

OS TELEGRAMAS

Naquela época, os meios de comunicação eram precários, telefonemas interurbanos eram quase impossíveis. Falava-se com voz de longo alcance: "Alô! Alô! Está me ouvindo? Eu não estou ouvindo nada! Fala mais alto!". Não havia paciência que aturasse depender de um telefonema. O jeito era passar telegramas.

Conservo ainda grande quantidade de telegramas da Western e de cabo submarino da Italcable, recebidos no Rio e em Salvador, enviados por Jorge de várias partes do mundo e, principalmente, da Bahia quando preparávamos a mudança. Abro um, por acaso: COMPRANDO SEGUNDO TERRENO TEU NOME PRESENTE NATAL STOP QUINCAS DOMINA STOP SIGO 13 PANAIR CARAVELLE ENVIEI CARTA ONTEM GRIPADÍSSIMO SAUDADES BEIJOS JORGE.

Ainda no Rio, recebo um telegrama também chegado da Bahia: MURO SUBINDO JARDIM CRESCENDO TERRENOS ATRASADOS SAUDADES BEIJOS TU MAMÃE JOÃO PALOMA SEGUE CARTA JORGE.

TERRENOS ALHEIOS

Ficáramos sabendo, somente ao assinar a escritura do imóvel, que aquele terreno todo não pertencia à casa que compráramos, pois, além do nosso, havia quatro lotes de proprietários desconhecidos. Que fazer? Com facilidade, amigos nos convenceram a comprar o que julgáramos nos pertencer. Os proprietários nos venderiam com tranquilidade, por bagatela, não tivéssemos a menor dúvida. Buscamos, desde então, localizar os donos dos lotes, que, segundo constava, era gente do interior. Demos o assunto como favas contadas e não nos afligimos. Mesmo assim, depois dessa descoberta, Jorge passou a viver mais em Salvador do que no Rio, para, com a ajuda de amigos, localizar os tais proprietários e entabular negociações com eles.

Eu ficava no Rio, cuidando da casa, dos velhos e das crianças, colaborando com Jorge, conseguindo o que ele me pedia através de cartas e telegramas enviados diariamente, pondo-me a par dos acontecimentos:

Apenas 24 horas ou pouco mais aqui e já te escrevo um pequeno relatório sobre os assuntos. [...] Agora, assunto por assunto: terrenos. Se já recebeste e leste uma carta de Luís Henrique deves ter compreendido o motivo de meu telegrama de ontem, apenas cheguei.

Passou-se o seguinte: veio o tal engenheiro do Parque Cruz Aguiar medir e localizar na minha ausência, o terreno do tal sr. Nobre (lote 12). Pela medição dele o lote 12 começa em nosso último terreno (uns quatro metros estariam dentro dele), e todo o lote 11, do homem de Camacã, estaria também dentro do nosso terreno, imagina tu o absurdo. Ele declarou enfaticamente que eu, ou melhor, o Benda, havia avançado em terrenos dos outros. Pergunta: e onde estão os lotes 7, 8, 9 e 10, que são os nossos? Pela medição dele, nós ficaríamos reduzidos a dois lotes e pouco. É claro que isso é um erro ou, mais provavelmente, uma safadeza. Por isso necessito urgente dos documentos. Decidi, em relação a esse assunto, o seguinte, após conversar com o sr. Nobre: aguardar a chegada aqui de Pinto de Aguiar. Vou então conversar com ele para que ele mande liquidar esse assunto. A opinião do Luís Henrique,

que conversou com o tal engenheiro, é que o tipo quer dinheiro. Meu, porém, ele não vai levar. Devo te dizer que esse assunto me preocupa pouco porque estamos com tudo legal, direito e claro, não haverá possibilidade de discussão sequer.

I — Terreno de Camacã: Chegou carta do homem dirigida a Moisés. Ele pede 700 contos à vista pelo terreno e resposta urgente dizendo ter outros interessados etc., a eterna conversa, mais um que quer fazer roça às minhas custas. É claro que não comprarei por esse preço. Pensei mandar-lhe, e possivelmente mandarei, um telegrama, assinado pelo banco Irmãos Guimarães, nos seguintes termos: Por 700 contos terreno não interessa absolutamente a J. A., ponto. Oferece nosso intermédio 450 contos e não sai dessa oferta em hipótese alguma, ponto. Responde telegrama (endereço banco) ponto. Caso tenha oferta 700 aconselhamos vender imediatamente, pois trata-se milagre, ponto, saudações. No entanto não mandei ainda o telegrama porque no escritório do parque informaram que esse senhor de Camacã, por falta de pagamento das prestações, já perdeu o terreno, que voltou novamente à posse da Companhia do Parque. Cheguei a tempo.

II — Obra: atrasada, bastante atrasada, aliás, como eu previa... Vou detalhar: a coisa é feita e refeita, duas e três vezes. Ademais: os tijolos do piso ainda não chegaram, os azulejos impossível de encontrá-los, houve complicações com os ferros para as grades, foi necessário esperar que chegassem do Sul alguns ferros para a grade. Portão: metade pronto. A maior beleza que possas imaginar. Serviço de alvenaria: praticamente pronto. Telhado atrasado, mas ficando belíssimo. Enfim, atraso grande, mas perspectiva de grande beleza. Estão trabalhando à noite. Estou tratando de intensificar o ritmo de trabalho.

III — Jardim: bem, as plantas crescendo. Tudo que está próximo à casa sofrendo muito com as obras, poeira, lascas de madeira, pés de operários etc. Esse jardim, se não der uma praga vai ficar uma beleza. Daqui a dez anos, já mais velhotes, os filhos pelo mundo, gozaremos os dois a sombra das árvores agora plantadas. Não sei se é uma perspectiva brilhante, mas é repousante, creio.

Agora, o meu trabalho que é o que mais me interessa: continuo a quebrar a cabeça e por vezes fico como me viste por ocasião do começo de *Gabriela*. No entanto creio ter finalmente encontrado o caminho e vou me tocar. Até agora é a luta. Mas, tu o sabes, a gente sempre termina por encontrar a saída.

OS AMIGOS

Entusiasmados com a vinda de Jorge para Salvador, os amigos, artistas e não artistas, alguns deles residentes no próprio Rio Vermelho, ofereceram seus préstimos. Colaborariam para transformar o que era feio em bonito, num recanto aprazível que prenderia o amigo para sempre na terra.

Da casa apenas o nome era simpático: "Sonata" — não tivesse ela pertencido a um músico, o pianista Sebastian Benda, professor contratado do Seminário de Música da Universidade Federal da Bahia...

A casa de Lúcia e Mário Cravo era a primeira da avenida Garibaldi — mesmo sendo a primeira casa da rua, seu número era 655. Na oficina ao lado, instalada num enorme terreno, com forja, maçarico e imaginação criadora, o escultor realizava seus trabalhos e reunia-se à noite com os amigos. Nesses encontros, em meio a grandes bate-papos e gaitadas, quando as vozes elevadas podiam ser ouvidas pelo bairro todo, os amigos discutiam a reforma de nossa casa.

Lá estavam, entre outros artistas, Carybé, o mais entusiasta, Jenner Augusto, Lev Smarcevski, Mirabeau Sampaio e um jovem arquiteto considerado por todos promissor em seu ofício:

Gilberbert Chaves. A Gilberbert, pois, foi dada a incumbência de estudar e executar um projeto sobre o que poderia ser feito.

O projeto nos agradou e, mais do que isso, entusiasmou a todos. Da casa que compráramos, poucas paredes restariam de pé.

Morávamos ainda no Rio de Janeiro e, em nossa ausência, a obra iniciada ficou sob a batuta de nossos amigos baianos, que, sempre em contato conosco, davam notícias do andamento dos trabalhos. Assim mesmo voltamos à Bahia várias vezes, sobretudo Jorge, que, depois de ter descoberto, como já foi dito, o problema dos terrenos — que eram e não eram nossos —, passou a viver mais em Salvador do que no Rio, a fim de resolver o assunto.

O OLHO DO DONO

Quase três anos haviam se passado desde o início da obra e muitos operários ainda trabalhavam nos acabamentos da casa. Cansado de andar para cima e para baixo, Jorge não quis esperar mais, pois, segundo ele, se não nos mudássemos, os trabalhos não terminariam nunca: "O olho do dono é que engorda o rebanho", ria, repetindo o conhecido provérbio.

DITADURA MILITAR

Finalmente, em fins de 1963, nos mudamos definitivamente para a Bahia. Havíamos passado duas temporadas de férias com as crianças na casa ainda por terminar, mas agora chegávamos com armas e bagagens — mudança feita num clima tenso, perigo de retrocesso democrático, quando circulavam rumores de um golpe militar ameaçando derrubar o presidente da República, João Goulart.

Não resistindo ao processo de sublevação iniciado no país, para evitar derramamento de sangue, João Goulart partiu, refugiando-se no Uruguai.

A 1º de abril de 1964, os militares do golpe declararam vago o cargo de presidente da República, que, quinze dias após, seria ocupado pelo marechal Castello Branco.

Saíramos do Rio em busca de tranquilidade e, agora, ainda uma ditadura militar vinha nos atormentar, nos roubar a paz.

A ESTRELA

Minha mãe costumava dizer que eu era uma pessoa de sorte: "Ela nasceu com a estrela", repetia sempre com a maior convicção. Eu achava que mamãe apenas sonhava, pois eu sempre lutara, mas nem sempre conseguira o meu intento.

Conheci Jorge Amado, pessoalmente, em 1945, e em seguida me apaixonei por ele. Por um amigo em comum, Paulo Mendes de Almeida, soube que Jorge lhe falara de seu interesse por mim: "Ao ver Zélia, arriei bandeira, pedi paz. Ela ainda não sabe, mas vou me casar com ela". Desde então, passei a acreditar na estrela que dona Angelina descobrira para proteger sua filha.

Ainda uma vez, fiquei achando que a tal estrela devia existir, ao conhecer Norma Sampaio e nos tornarmos amigas. Norma era mulher de Mirabeau Sampaio, amigo de Jorge, colegas dos tempos do Colégio Antônio Vieira.

Pessoa da melhor qualidade, alegre e inteligente, foi Norma quem clareou meus caminhos quando, sem conhecer os costumes da terra, cheguei à Bahia para ficar. Sempre pronta a mostrar-me a cidade, a indicar-me seus atalhos e seus mistérios, Norma e eu nos tornamos amigas.

Naquele tempo, a vida de uma dona de casa em Salvador não era fácil. Para abastecer a geladeira era preciso bater pernas por toda parte, ir ao mercado de Água de Meninos — hoje São Joaquim — e chafurdar os pés na lama para comprar frutas e alguns raros legumes que em outra parte não encontraria.

Durante algum tempo, enquanto me faltavam os contatos necessários para o bom andamento da casa, tive sempre Norma me acompanhando às compras, apresentando-me a este e àquele, sobretudo aos barraqueiros do mercado, de feiras livres, todos eles seus conhecidos ou "camaradinhos", como ela costumava dizer.

Seguindo os impulsos e as fantasias de minha amiga, eu fazia coisas que, sem os seus conselhos e seu entusiasmo, jamais faria. Por exemplo, acompanhei-a num curso de bordados à máquina, lá nos confins da Cidade Baixa, aonde íamos de ônibus, curso que nos custou sacrifício, nos divertiu um pouco, isso é verdade, mas nunca nos foi útil.

Depois dos bordados à máquina — aos quais nem ela e nem eu jamais nos dedicamos —, Norma descobriu umas aulas de ikebana, dadas por uma japonesa vinda de São Paulo. Dessa vez, com satisfação, deixei-me levar pela amiga, nos inscrevemos e nos tocamos para o tal curso de arranjos florais. Dessas aulas eu gostei e, até hoje, algumas vezes me sirvo do que aprendi.

AS CRIANÇAS E SEUS AMIGOS

Nossos filhos estudavam no Colégio Estadual Manuel Devoto, escola pública, onde tiveram a oportunidade de conviver com crianças de todas as camadas sociais, coisa boa para a sua formação. Filhos de Norma e Mirabeau, Maria e Arthur logo se enturmaram com João Jorge e Paloma e são amigos até hoje. Não custou a João fazer amizades no colégio e fora dele. Com os mais íntimos — Mariozinho Cravo, Arthur Sampaio, José Luiz Penna, Cláudio Dortas, entre outros —, todos ótimos meninos, João tinha sempre seus programas. Paloma se enturmou com Balbina, filha de nossos amigos Dorothy e Moisés Alves, fazendeiros de cacau. Yeda, sobrinha de Moisés, que morava com os tios, pouco mais velha que as duas meninas, era ótima companhia. Sue Safira, Ediane Lobão e Kátia Badaró, íntimas de Paloma, eram as que mais frequentavam nossa casa. Juntos, meninos e meninas, a turma toda, cada dia aumentada, saía à noite para programas inocentes, nos deixando sem preocupações. Cada vez mais, Jorge e eu nos sentíamos satisfeitos da decisão tomada, a da mudança para a Bahia, onde acreditávamos que o perigo da droga ainda não existisse.

VIOLÊNCIA

Apesar dos desmandos da ditadura militar instalada no país, Jorge ainda não fora molestado pessoalmente. Sabíamos de batidas policiais em casas de conhecidos nossos, sendo que uma das razões que os incriminavam era possuírem livros de Jorge Amado. A opinião geral era que, sendo Jorge um escritor conhecido internacionalmente, os militares da ditadura não se atreveriam a molestá-lo diretamente.

Nossa casa era movimentada, recebíamos amigos nossos e das crianças. Das "crianças" é modo de dizer, pois o tempo passa, os filhos crescem e nós continuamos a chamá-los de crianças.

João já era aluno da Faculdade de Filosofia da Universidade

Federal da Bahia quando os beleguins da ditadura o cobriram de pancada.

Além de cursar a faculdade, João trabalhava no Teatro Castro Alves. A serviço do teatro, ia ele, um dia, à redação do jornal *A Tarde*, na ocasião situada na praça Castro Alves. Ao chegar à praça, João se deparou com uma manifestação estudantil. Mesmo ignorando as reivindicações do movimento, sentiu-se solidário. Ao mesmo tempo que ele, chegavam caminhões repletos de policiais que, de cassetete em punho, iam saltando e atacando, sem dó nem piedade, os jovens que encontravam pela frente.

João nem chegou a participar do movimento, mas não escapou dos violentos golpes que o atiraram ao chão, tirando-lhe sangue.

Todo machucado, cheio de vergões pelo corpo, João subiu para a redação de *A Tarde*, onde foi fotografado, foto que ilustrou a matéria do jornal no dia seguinte. A nota, claro, foi censurada como tudo o que era publicado naqueles tempos de ditadura; porém, a fotografia mostrando as marcas de sangue impressionou e irritou não apenas amigos nossos, como também pessoas de posições políticas opostas à nossa. Até desses tivemos visitas de solidariedade. "Temerosos de tocar em mim eles me agridem, agredindo meu menino", dizia Jorge, revoltado, a quem quisesse ouvi-lo.

NÓS, POR EXEMPLO

Surgia em Salvador um grupo de jovens cantores, músicos e compositores que costumava se exibir no Teatro Vila Velha: Maria Bethânia, Caetano Veloso, Gilberto Gil e Gracinha — Maria das Graças —, hoje Gal Costa. *Nós, por exemplo* foi o primeiro show apresentado por eles.

João, Paloma e sua turma eram fãs dos novos artistas e não perdiam um espetáculo. Saíam logo cedo de casa para conseguir onde sentar, pois nessas noites a lotação esgotava.

Naquele domingo, o pôquer semanal seria na casa de Mirabeau. Os parceiros para as rodadas eram quase sempre os mesmos: Jorge, Ives Palermo, Mecenas Marcos, Negro Batista, Alexandre Robato, Odorico Tavares, Giovanni Guimarães e outros. Quando ninguém falhava e sobravam parceiros, como, por exemplo, Di Cavalcanti e Giovanna Bonino, vindos do Rio com frequência — chamados com muita graça, por Mirabeau, de capital estrangeiro —, eles faziam duas mesas. Em geral, enquanto os homens se entregavam ao pôquer, as esposas — Norma, Êmina Palermo, Josette Marcos, Estela Robato, eu e Nancy — jogávamos buraco ou bigorrilho. Carybé era o único a não participar dos jogos. Ia para acompanhar Nancy, parceira certa do carteado feminino, e ficava dando palpites, distraindo-se a fazer caricaturas de todo mundo.

JOVENS ARTISTAS

Maria Bethânia e seu grupo cantariam no Vila Velha e os meninos pediram para jantar mais cedo, queriam ir ao teatro. Resolvi acompanhá-los. Combinei com Norma, nos juntamos aos nossos filhos e fomos também.

Chegamos cedo e já encontramos o teatro repleto. A custo, conseguimos um lugarzinho para sentar.

Maria Bethânia, com sua voz quente, emocionante, cantou e o teatro quase veio abaixo. Caetano, voz morna e suave, outro sucesso, Gilberto Gil com sua graça e picardia, um delírio; Gracinha, com sua voz fluente, de límpida melodia, levantou a plateia.

— Vou ficar freguesa — disse a Norma —, e, se duvidar, da próxima vez trago Jorge. Garanto que ele vai adorar.

— Tomara! — disse ela. — Tomara que Jorge venha e convença Mirabeau a vir, mas eu duvido.

Voltamos ao Vila Velha dias depois. Desta vez, com Jorge. Como Norma previra, Mirabeau não foi e, como eu previra, Jorge adorou os meninos. Gostou tanto que, depois do espetáculo, ele, que detestava aglomerações, meteu-se no empurra-empurra, na confusão de pessoas que, como ele, queriam abraçar os artistas. Ele não só queria abraçá-los, como também convidá-los a aparecer em nossa casa. Eles vieram e, para esses jovens, simpáticos e talentosos, nossas portas estiveram sempre abertas. Admirador de Caetano, de sua sensibilidade, de suas composições, Jorge chegou a compará-lo a Castro Alves.

CANTORES POPULARES

Compositores e cantores populares, como Tião Motorista e Riachão, apareciam em casa com a turma de João Jorge e cantavam. Jorge riu a valer ao ouvir certa composição de Tião Motorista que dizia:

Na casa de Jorge Amado
lugar bom pra se sambar
se samba de dia e de noite
até ver o sol raiar...

Jorge achou graça e eu também, da imaginação de Tião ao inventar que em nossa casa se sambava "de dia e de noite, até ver o sol raiar".

Riachão vez ou outra aparecia, com sua indefectível toalha no pescoço, e nos encantava improvisando uma picaresca dancinha para acompanhar sua cantiga: "Xô, xuá, cada macaco no seu galho".

João Ubaldo Ribeiro, jovem intelectual que frequentava nossa casa nos encontros matinais aos domingos, era o preferido de Jorge, que dele esperava grandes surpresas literárias. Muito animado, João Ubaldo alegrava nossas reuniões, cantando e batucando mas jamais dançando.

GLAUBER ROCHA

Ainda um jovem talento, cineasta em quem Jorge apostava e dedicava grande carinho era Glauber Rocha. Glauber já não morava na Bahia quando nos mudamos para cá, mas nunca perdeu o contato conosco. Sempre que vinha a Salvador, mesmo que fosse por pouco tempo, não deixava de procurar o amigo querido, "meu irmão, meu pai, meu mestre" — assim costumava dizer. Vinha falar de seus projetos, passava horas abrindo seu coração.

Com Glauber estivemos em Paris e em Portugal.

Foi num hospital de Lisboa que, com João Ubaldo Ribeiro e Raimundo Fagner, nos despedimos do "menino gênio", amigo querido, e o vimos pela última vez quando partiu para sempre.

VOLTANDO A FALAR DE MÚSICA...

Para alegria de seus amigos, chegou à Bahia para longas temporadas Vinicius de Moraes. Até uma casa ele construiu em Itapuã, na praça em frente ao farol, vista para o mar e os coqueiros de sua inspiração. O lugar passou a ser chamado pela gente do povo de "a curva do Viniço".

Vez ou outra o poeta vinha nos ver. Sentado no banco, debaixo da mangueira, dedilhando o violão, voz mansa, Vinicius cantava. Adorava bater papos sem compromisso e, quando coincidia encontrar Caymmi lá em casa, a festa era completa, risadas de não acabar.

Nos dias dessas visitas, acontecia juntar na calçada, à nossa porta, jovenzinhas de lápis e papel em punho, à espera de um autógrafo.

Certa vez, acompanhando Vinicius que se despedia, pude presenciar uma cena linda: adiantando-se de outras meninas que ali estavam à espera, uma jovenzinha estendeu uma folha de papel e um lápis a Vinicius: "Dorival Caymmi, pode me dar um autógrafo?". Sem perder o rebolado, Vinicius apanhou o caderno e, "pois não, com muito prazer", assinou: Dorival Caymmi.

Ao saber do acontecido, Caymmi não se surpreendeu: "Pois comigo se passa a mesma coisa: estou farto de dar autógrafos assinando Vinicius de Moraes. Assinando Jorge Amado então, nem se fala...".

Confundiam o escritor com o cantor. A Caymmi, perguntavam: "Então, Jorge Amado, escrevendo muito?". Sem se atrapalhar e também sem esclarecer, ele respondia: "O livro vai indo, vai indo...". Com Jorge acontecia o mesmo. Perguntaram-lhe certa vez: "O senhor não é Dorival Caymmi?". "Infelizmente, não", respondeu ele, "mas sou irmão dele."

Naná Vasconcelos, mestre do berimbau, certa vez foi convidado e deu um verdadeiro concerto a uns hóspedes franceses que recebíamos e que jamais tinham ouvido falar em berimbau. Encantaram-se.

Tom Zé era a grande novidade entre os jovens. Vez ou outra ele aparecia e alegrava o ambiente trazendo suas inovações.

Muitos cantores e nada de dançadores.

VÁ ATRÁS DISSO!

O dono da casa não sabia dançar nem nunca se esforçara por aprender, ao contrário da dona da casa, que adorava qualquer tipo de dança, requebrando-se sozinha num samba ou caprichando num floreado de tango, quando a vontade apertava.

Incansável trabalhador, Jorge era capaz de passar uma noite inteira debruçado sobre a máquina de escrever, batendo nas teclas, velozmente, com seus dois indicadores, na emoção do enredo de um romance. No entanto, para certos tipos de atividades pequenas, não se contasse com ele.

Um dia, resolvemos nos divertir organizando uma lista de coisas que ele não sabia fazer: dançar; cantar; assobiar; nadar; dirigir automóvel; cozinhar; trocar lâmpadas queimadas; abrir latas de qualquer espécie; bater pregos; apertar parafusos; ligar e desligar televisão, rádio e ainda outras coisas que já não lembro.

Descobri, certa vez, por acaso — coisa da qual já desconfiava —, que a incapacidade de Jorge para fazer certos trabalhos menores era mais uma questão de comodismo que de incompetência. Estava eu de saída enquanto Jorge, estirado em sua poltrona, diante da televisão, esperava pela partida de futebol a que ia assistir.

Já me encontrava na porta da rua quando me lembrei de que a televisão ficara desligada. Voltei e disse:

— Vou ligar a televisão para você ver seu jogo.

— Não ligue não — pediu ele. — Falta mais de uma hora para começar...

— Eu ligo e deixo bem baixinho — disse —, dá até para você tirar uma soneca...

— Quando chegar a hora eu ligo — respondeu ele —, pode deixar, não se preocupe.

— E você sabe ligar televisão? Você diz que não sabe...

— Vá atrás disso — riu ele com ar maroto.

LALU

Seu João e dona Eulália — ou Lalu, como a chamava o marido — teimaram em não nos acompanhar na mudança. Disseram preferir o apartamento em Copacabana, ao lado da praia, onde vivêramos juntos por mais de dez anos. "Deus me livre voltar a morar na Bahia, terra perigosa", dizia Lalu, que não perdera o trauma carregado desde a infância, dos tempos da conquista da mata para o plantio do cacau, da qual irmãos e marido haviam participado. De nada adiantou insistirmos, os velhos fincaram pé e nós chegamos sem eles. Por via das dúvidas, reservamo-lhes acomodações, caso resolvessem um dia mudar de ideia.

Um quarto forrado, teto baixo, piso de madeira, janela para o jardim, era reservado para o Coronel e Lalu, se, por acaso, decidissem um dia ocupá-lo para férias ou então para sempre. Esse quarto apenas Lalu habitou depois da morte do marido, ficando conosco até o fim de sua vida. Não posso esquecer suas palavras ao entrar na casa, vinda do Rio, naquele triste mês de janeiro: "Até agora, tu foi minha filha. Daqui por diante, tu vai ser minha mãe".

A REFORMA DA CASA

Nunca é demais rememorar os detalhes da reforma desta casa, quase uma nova construção; falar dos objetos espalhados em estantes e mesas, cada qual com sua história, muitos do Brasil, a maior parte trazida de vários recantos do mundo, cada qual com seu valor ou de importância apenas afetiva, desde os de cerâmica popular, os mais rústicos, até os de Picasso, Carybé, Aldemir Martins, Mário Cravo, Poteiro, Stockinger, Vasco Prado, Francisco Brennand, Tati Moreno, José Franco e de tantos consagrados artistas brasileiros ao lado dos que chegaram de outras plagas. Dou destaque à carranca de madeira, cabeça de cavalo, de um barco do rio São Francisco. Numa exposição de fotografias, no Museu do Unhão, vimos, por acaso, a foto do barco em cuja proa estava a cabeça do cavalo, soberba carranca, que passou a embelezar a quina da entrada, junto à porta de nosso terraço.

O PATO

Recordou-me há dias Auta Rosa — que, com seu marido, o artista plástico Calasans Neto, nos acompanhou em andanças por esse mundo de Deus — a história do pato:

— Por onde é que anda aquele pato?

— Que pato, Auta? — eu já nem me lembrava do fato.

Rimos juntas ao reviver o caso: estávamos em Paris às vésperas do aniversário de Jorge. Pela manhã, antes de sair do hotel, olhando o monte de embrulhos a serem acomodados nas malas, eu lhe fiz um apelo:

— Por favor, Jorge, não vamos comprar mais nada, já compramos demais, nem sei onde acomodar tanta coisa. Lá em casa também já está tudo entupido de objetos, estantes e armários transbordando... Promete que não vai comprar mais nada?

Jorge riu:

— Está bem, minha pequenininha... A não ser que...

Diante de uma loja próxima ao nosso hotel, surgiu a tentação. Um pato preto, peito branco, listras claras à guisa de penas das asas, sobressaía entre outros objetos:

— Vejam só que pato mais lindo! — exclamou Jorge, encantado. — Sem este pato a minha vida não terá mais a mínima significação — suspirou —, já não posso viver sem ele.

Levantei o pato.

— É pesado como o quê! — disse eu, demonstrando sutilmente o meu desejo de que a peça não fosse comprada.

Jorge foi andando e eu o segui, morta de remorso, sentindo-me a própria megera repressora que limitava o marido, coitadinho, impedindo-o de realizar um desejo inocente.

Nessa mesma tarde, enquanto o "coitadinho" tirava uma soneca depois do almoço, eu não resisti, corri à loja e comprei o pato. Escondi-o no quarto dos Calasans e só no dia do aniversário de Jorge o trouxe para o meu. Estendi ao aniversariante o presente, já desembrulhado para causar maior impacto:

— Parabéns, meu amor! Aqui está teu pato!

— Então, foi você, sua peste? — disse ele, rindo, ao me abraçar e beijar.

Sem que eu soubesse, Jorge voltara à loja para comprar o bendito pato, mas chegara tarde demais, já o haviam levado.

O herói desta história, já um pouco desbotado e esfolado pelo tempo, encontra-se entre os objetos de nossa coleção, no terraço.

O CHORADOR

Na estante ao lado do pato, encontra-se o "chorador do Irã". "Chorador", nome que inventei por tratar-se de um frasco de vidro com a boca do gargalo em forma de olho, para nele a esposa chorar quando o marido viaja. Ao regressar, ela lhe apresenta toda a tristeza que sentiu durante a sua ausência. "Dizem", contou-nos o rapaz que atendia no balcão da loja iraniana, em Paris, "que, em geral, as lágrimas quase transbordam do frasco." Rindo com malícia, ele acrescentou: "A não ser que seja água e sal...".

ROSA RAMALHO

Gostaria de falar dos Cristos de barro da famosa ceramista portuguesa Rosa Ramalho.

Havia uma feira de artesanato em Cascais e, com Beatriz Costa, fomos dar uma espiada por lá. Admiradora de Rosa Ramalho, que expunha e vendia suas peças nessa feira, Beatriz levou um xale para dar-lhe de presente.

Imagens de Cristo para serem penduradas em paredes eram a especialidade da ceramista. Havia brancos e pretos e nos encantamos com elas.

— Eu fico com uma de cada — disse Jorge.

Beatriz, que até então só fizera elogiar a velha amiga, tirou de sua sacola o belo xale que levara:

— Toma lá, é uma prenda para ti — disse, estendendo-lhe o presente.

Surpresa e encabulada, Rosa Ramalho atirou o xale sobre Beatriz, devolvendo-o:

— Ai, que não quero! Não quero que gaste seu dinheiro comigo, dona Beatrizinha! — Vendo que ríamos da cena e que a atriz não receberia, de jeito nenhum, o presente de volta, ela foi à prateleira, tirou uma de suas peças, colocou-a nas mãos de Beatriz: — Toma lá, é tua! Não precisas pagar!

Essa peça nos foi oferecida por Beatriz e encontra-se entre as nossas cerâmicas portuguesas, faz parte de nossa coleção. Quanto ao Cristo negro, sumiu da parede. Deve ter sido quebrado pela pessoa que faz a limpeza dos objetos, mas isso ela jamais confessará. E de que adiantaria?

A SANTA DE AGUINALDO

A Nossa Senhora de madeira, com sua coroa de pregos,

que temos no terraço, foi premiada numa exposição, na África. Aguinaldo, seu autor, morreu jovem, teria pouco mais de vinte anos quando foi picado pelo barbeiro e contraiu o mal de Chagas. Menino ainda, ele foi trabalhar no ateliê de Mário Cravo, como ajudante. Um dia, Mário descobriu que Aguinaldo aproveitava pedaços de madeira que já não prestavam para deles fazer esculturas. O menino era um artista nato e Mário tratou de encaminhá-lo, dando-lhe a assistência necessária. Aguinaldo deixou nome e poucas, mas importantes, peças.

A TELHA CHINESA

Temos uma telha chinesa de louça brilhante, sobre ela uma escultura verde-amarela. Essas telhas são utilizadas em beirais, e a nossa foi comprada num mercado de Pequim. Neruda apaixonou-se ao vê-la em nossas mãos, mas não havia outras à venda naquele lugar. Pablo passou a sonhar com a telha. Somente em outra viagem, em outra cidade, não sei bem, nosso compadre achou o que tanto procurava e, certamente, ela se encontra hoje em dia num dos museus do Chile que guardam suas memórias.

OS QUADROS

Teria muito o que falar dos quadros que embelezam nossa casa, iluminando suas paredes, trazendo ao nosso convívio artistas ainda vivos e outros que já se foram. Lá estão Carybé, Di Cavalcanti, Carlos Scliar, Genaro de Carvalho, Henrique Oswald, Jenner Augusto, Aldemir Martins, Hansen Bahia, Carlos Bastos, Floriano Teixeira, Raimundo de Oliveira, Calasans

Neto, Willys, Djanira, Lev Smarcevski, Heitor dos Prazeres, Juarez Paraíso, Sante Scaldaferri, Licídio Lopes, José de Dome, Jamison Pedra, Fernando Lopes, Nair de Carvalho.

De Lênio Braga, jovem e talentoso pintor, que nos deixou muito cedo, encontra-se no terraço um peji de Oxóssi, encravado na parede, acima do banco, são Jorge pintado ao fundo e, em torno, espalhadas, várias miniesculturas africanas representando os orixás a pé e a cavalo, de carabinas em punho, em plena caçada.

Na sala, há um quadro de Carlos Bastos, detalhe de um painel que o artista pintava na igrejinha do Parque da Cidade, no Rio.

A velha igreja estava abandonada, suas paredes internas nuas e emboloradas. Carlos resolveu dar vida àquele ambiente, ressuscitá-lo. Foi pintando com o maior entusiasmo, dando cor e beleza, iluminando o interior da igrejinha com figuras sacras. Em algumas delas ele retratou pessoas de sua estima. Lá estavam: Jorge Amado, Vinicius de Moraes, Djanira, Di Cavalcanti, Maria Bethânia, Pelé, Genaro de Carvalho, Nair de Carvalho, Altamir Galimberti e ainda outros. A obra já estava quase terminada quando, um dia, ao chegar para trabalhar, o artista encontrou a porta trancada, a fechadura trocada. Um padre — desconheço seu nome — havia proibido a continuação da pintura, "não vou permitir tal heresia", dissera. Não admitiria que, num trabalho sacro, aparecessem sacrílegos como alguns notórios que lá estavam. Citou, em primeiro lugar, Jorge Amado. O trabalho de Carlos Bastos na igreja não foi terminado e nós temos, na parede de nossa sala, o quadro que Carlos nos ofereceu, com detalhe do mural onde aparecem "os mais perigosos hereges": Di Cavalcanti, Djanira, Vinicius de Moraes e Jorge Amado.

O quadro dos *Cangaceiros*, de Carybé, ocupa lugar de destaque na sala. Dona Eulália não se conformava com a presença dos "jagunços" — como costumava dizer. Cansou de me pedir, de me dar conselho:

— Diga a Jorge, minha filha, que tire daqui esses jagunços. Gente ruim! Eles atiraram em João quando Jorge era pequeno. Foi Deus os tiros não acertarem no menino que estava no colo do pai. E ele, besta, ainda bota esses assassinos aqui na parede.

— Isso é uma obra de arte, dona Lalu! Mas, já que a senhora não gosta, peça a seu filho, ele vai lhe obedecer. A senhora não diz sempre que seus filhos sempre foram muito obedientes, que nem em política se meteram para lhe fazer a vontade? Pois então...

— Já falei com ele, minha filha, mas ele só faz rir, como tu, não me ouve.

Dessa vez Lalu não foi obedecida. O quadro de Carybé continua no mesmo lugar.

A grande jaca, trabalho a bico de pena, desenhado pelo mestre Aldemir Martins, inspirado numa cena de *Pastores da noite*, lá está, na sua grande beleza.

Barcos e sol vermelho, gravados na madeira por Mestre Calá, com sua poesia fazem-me pensar que tenham sido inspirados em *Mar morto*.

Temos, ainda, na sala, um são Jorge derrotando o dragão, desenho a nanquim, trabalho maravilhoso do inigualável Floriano Teixeira.

O quadro de Di Cavalcanti, *Paisagem com moça na janela*, tem uma história. Há muitos anos, quando Jorge morava em São Paulo, ganhou do pintor um quadro do qual gostara muito: *Mulata deitada no divã*. Diante do entusiasmo do amigo pelo quadro, generoso, Di Cavalcanti lhe disse: "É teu". Jorge adotara uma teoria, repetida sempre por um jornalista seu amigo: "Ao te oferecerem uma obra de arte, não faça cerimônia, aceite sem discutir". Foi o que ele fez. A *Mulata deitada no divã* embelezava a sala do apartamento em São Paulo, quando, certo dia, apareceu Di, todo afobado: "Vim buscar o quadro. Apareceu um cliente querendo um trabalho meu e eu não tenho nenhum, nem para remédio. Levo este e pinto outro para você".

Pintou outro, muitos anos depois, quando já morávamos na Bahia. Escreveu atrás uma dedicatória que me encanta:

Jorge Amado,
Zélia Amada,
Um do outro
E os dois meus.
O Rio, de Jorge Amado
Bahia, de Zélia Amada
Que também são terras minhas
Graças aos dois,
Graças a Deus.

Paisagem com moça na janela continua no lugar em que o artista o pendurou.

Até de Dorival Caymmi Jorge mereceu um quadro, ou, para usar um termo do nosso artista, uma prenda. Isso mesmo, o quadrinho pintado por Caymmi é uma graça, uma prenda. Só um bem-querer como o dos dois baianos poderia resultar em tamanha generosidade do grande mestre da música, que não vende, não dá nem empresta seus quadros.

A ENTRADA DA CASA

Situada entre duas ruas, a Alagoinhas e a Irará, achamos que a entrada principal da casa deveria ser pela Irará, rua ainda sem calçamento, porém tranquila e com bastante espaço para entrarmos de automóvel pelo jardim e chegar junto à casa.

Isso decidido, Carybé não perdeu tempo: desenhou um portão de ferro, largo, que em seguida foi feito e colocado: uma beleza! Mas o belo portão era por demais vulnerável e não demorou a ser galgado por meninos da rua, pilhados um dia tentando colher sapotis das árvores do jardim. Vimos, em seguida, que, para nossa tranquilidade, devíamos desistir do perigoso portão e, em seu lugar, foi levantado um muro. A solução encontrada, então, foi transformar a entrada de serviço da rua Alagoinhas em entrada principal da casa.

A escada estreita, que não combinava de jeito nenhum com a amplidão da casa, precisava ter algum encanto. Somente alguns anos mais tarde, conseguimos comprar a casa do lado, passando a usar sua escada para a entrada de serviço. As duas escadas, lado a lado, foram integradas com um pórtico e uma mureta central à guisa de corrimão.

A compra da casa vizinha serviu também para desafogar a área de serviço, ampliar a cozinha, construir a biblioteca de Jorge, fazer um jardim de roseiras, jardim que foi substituído por uma piscina, anos mais tarde, ao nascerem os netos.

O pórtico de entrada foi, então, revestido de azulejos com desenhos de Carybé: as armas de Oxóssi e de Iemanjá e figuras de frutas e de bichos brasileiros. "E o chão?", perguntamo-nos, sem saber como revestir as escadas. Foi aí que a arquiteta italiana Lina Bo Bardi, grande artista que se encontrava na Bahia, trabalhando na restauração do Museu de Arte Moderna no Solar do Unhão, frequentadora das reuniões no ateliê de Mário Cravo, deu um palpite: "Eu colocaria cacos de azulejos no cimento. Coisa mais fácil obter os pedaços dos ladrilhos partidos, na cerâmica do Udo. Ele vai dar a vocês, com o maior prazer, quantos pedaços forem precisos".

Udo Knoff, alemão radicado na Bahia, artista especializado em cerâmica, instalara em Brotas um ateliê com fornos elétricos. Era a ele que Carybé e outros artistas recorriam para queimar suas peças.

O conselho de Lina foi logo aceito e Udo entrou com o material necessário, não apenas para as escadas da entrada, como também para todas as passagens externas da casa.

Mário Cravo criou uma Iemanjá de ferro — peça linda — e a colocou logo à entrada, sobre um pilar entre as escadas. A Iemanjá, sustentada por uma delicada haste de metal, rodopiava num passo de dança. Mas, infelizmente, sobre essa frágil haste a nossa Iemanjá rodopiou por bem pouco tempo. Alguém, além de nós, deve ter gostado dela, e numa bela manhã não mais a encontramos: uma serra fina fizera o serviço.

Sem perda de tempo, Mário partiu para uma nova peça, a fim de preencher o vazio. Dessa vez, um Xangô com base vigorosa veio substituir a rainha do mar. Enquanto colocava a peça em seu pedestal, o artista desabafava: "Esta aqui nenhum filho da puta vai conseguir levar".

Até hoje o Xangô se encontra no lugar em que o mestre o colocou.

A porta primitiva da entrada era de madeira simples, lisa, pintada de azul, combinando com os azulejos. Somente depois, alguns anos mais tarde, quando Jorge escreveu *Tereza Batista* e Calasans Neto ilustrou o livro, foi que Mestre Calá nos ofereceu uma porta, a que se encontra até hoje, em cuja madeira o artista entalhou a figura da heroína do romance. Ofereceu a porta e ainda uma talha do *Caboclo do Dois de Julho* que se encontra incrustada na parede. Entre a porta e o *Caboclo* estão dois azulejos pintados por Helena, mulher do ceramista José Franco, do Sobreiro, em Portugal. Neles, a artista desenhou dois singelos corações e dentro de cada um nossos nomes:

Zélia e Jorge e Helena e José. Idênticos azulejos encontram-se colocados à entrada da casa do casal amigo, em Portugal.

Hansen Bahia completa a beleza da modesta entrada de nossa casa, com uma talha em que retrata cangaceiros.

O alto muro também mereceu a atenção dos artistas: um girassol de metal, de Genaro de Carvalho, dá leveza, encanto e transparência àquele muro tão pesado; uma abertura quadrada emoldura uma cabeça de ex-voto. Sobre o pórtico, está um para-raios com a forma das armas de Oxóssi; no topo do muro, uma escultura de Mário Cravo, figura de são Roque com seu cachorro — ou seria um leão? — dá força e proteção a quem precisa.

Pelas paredes, desde a entrada da casa, Jorge mandou fixar azulejos e placas de arte. No terraço estão os de Picasso, de Carybé e dos mais variados artistas estrangeiros. Na entrada do bar, há uma enorme e bela placa de Chico Brennand. Uma parede, na parte da piscina, foi dedicada a são Jorge, onde até uma bandeja de prata, lavrada com traços ressaltando o santo e seu dragão, trazida da Rússia, encontra-se entre ícones e outras peças. Calendários de azulejos de vários anos, feitos por Udo Knoff, encontram-se também na parede ao lado da piscina.

O NÚMERO 33

Ninguém se engana ao chegar à casa de Jorge Amado, a de número 33, embora à sua direita se encontre a de número 342. Quando a compramos, a rua era pouco habitada e seu número era 33. Ficou sendo para sempre, não obedecemos às mudanças oficiais. Grande azulejo, com o número 33, encontra-se colocado à entrada.

Fato semelhante — o de não obedecer a regras postais

— se deu ao construirmos uma casa na Pedra do Sal, ao lado da de Carlos Bastos. Num loteamento recente, logo depois do farol de Itapuã, essa casa à beira-mar nos daria paz e sossego para trabalhar. Foi na Pedra do Sal que Jorge escreveu *Farda, fardão, camisola de dormir* e eu, *Anarquistas, graças a Deus*, meu primeiro livro.

Um dia, Carlos e Jorge conversavam e Jorge reclamou:

— Veja só o absurdo: moramos numa rua que nem nome tem. Na esquina, apenas uma placa de madeira com indicação do loteamento e nada mais.

— Por que não inventamos um nome para ela? — sugeriu Carlos.

Foi o que aconteceu: em seguida encontraram um nome que agradava aos dois, extravagante e poético: "rua do Lagarto Azul".

— Agora falta o número — disse Jorge.

— Bem — respondeu Carlos —, o número que eu mais gosto é o 500.

— Pois o meu é o 1000, sempre simpatizei com esse número — disse Jorge.

Como no quarteirão, a bem dizer, na rua toda, havia apenas duas ou três casas, não houve problemas. A placa foi feita e colocada na esquina. A casa de Carlos até hoje fica na rua do Lagarto Azul, número 500. A casa vizinha há muito não é nossa, mas continua sendo a de número 1000.

CASA SINCERA

Nossa casa da rua Alagoinhas, 33, é espaçosa e confortável, cercada de largo terraço, tudo da maior simplicidade, sem requintes de materiais nobres. Tudo simples como nós mesmos.

Assim, nessa casa de telha-vã, o piso só poderia ser de lajotas de cerâmica, lajotas artesanais (as nossas foram encomendadas em Muritiba). Gilberbert era caprichoso, não fizera por menos: "Quero tudo muito 'sincero'", dissera o jovem arquiteto, usando expressão do ofício, creio, pois a ouvimos ainda uma vez dita pelo renomado Sérgio Bernardes. Isso mesmo, em nossa casa tudo seria muito "sincero".

Muito "sinceros" também os móveis do quarto de hóspedes da frente, junto à sala, onde Jorge, anfitrião de primeira, pretendia hospedar amigos, muitos amigos, personalidades e não personalidades que, certamente a seu convite, chegariam de todas as partes do Brasil e do mundo.

Os móveis desse quarto de hóspedes, a bem dizer, não são móveis. Feitas de alvenaria revestida de azulejos, as bases das duas camas; as mesas de cabeceira e uma penteadeira foram presas ao chão e à parede (há alguns anos, as duas camas do quarto da frente foram transformadas numa só, de casal).

O telhado alto de telhas coloniais é sustentado por grossas vigas de madeira. Comentando a resistência das vigas com Carybé, Jorge fazia restrição ao acabamento: "Você não acha, Caryba, que essa peça reta, sobrando nos cantos, destoa do resto?". Carybé apenas assentia com a cabeça, concordava. Sem dizer nenhuma palavra sequer, saiu em busca de uma escada, subiu e, com um ligeiro traço de lápis, deu a solução que a tal viga merecia: desenhando o perfil de um pombo na sua extremidade. "Agora só falta o olho", disse. Depois que, seguindo o traço do artista, a madeira foi recortada, o olho foi colado. Uma bolinha de gude completou o serviço, dando vida não apenas à ave que Carybé acabara de criar, como às outras, nos quatro cantos da casa, que também mereceram o seu carinho.

As duas portas de madeira da sala também são invenção de Carybé: embora, à primeira vista, não haja quem diga, elas têm espaço para ventilação e transparência. Estando a sala no escuro, a porta ficará iluminada caso seja acesa uma lâmpada no lado de fora.

Os vidros da porta de nosso quarto e dos basculantes de nosso banheiro, voltados para a varanda, foram pintados por Jenner Augusto, flores e pássaros coloridos.

Nossa cama, como a do quarto de hóspedes, é de alvenaria, porém, cama larga, de casal. Jorge não suportava dormir em camas separadas. Em nossas viagens, ao nos hospedarmos em hotel, a primeira coisa que ele exigia era cama de casal. Se por acaso só houvesse camas de solteiro, ele dava um jeito retirando a mesa de cabeceira do centro e encostando as duas camas pequenas.

HÓSPEDES DO QUARTO DA FRENTE

Muitos casais habitaram o quarto de hóspedes da frente quando as camas ainda eram separadas. A lista é enorme e eu poderia citar de cabeça ao menos uma dezena, mas esqueceria, certamente, muitas mais. Lembro-me bem de um dos primeiros hóspedes: Gabriel d'Arboussier, ilustre personalidade africana, com Tatania, sua mulher. Ele, de uma finura a toda prova, não reclamou, nem mesmo quando, durante a noite, despencou sobre sua cabeça um quadro pendurado à altura de seu braço levantado. Felizmente, o quadro era leve, não chegou a causar danos. Mesmo assim, Tatania, que não tinha lá as finuras do marido, não gostou das camas separadas e desabafou reclamando, quando da queda do quadro durante a madrugada.

Neruda não fez cerimônia, dormiu apenas uma noite e logo pela manhã arrumou as trouxas: "Vão me desculpando, compadres, mas em camas separadas não dormimos, nem eu nem Matilde". Mudaram-se para o Hotel da Bahia, na ocasião o único na cidade que oferecia um certo conforto. Passavam o dia conosco mas iam dormir no hotel.

Faço um esforço de memória e procuro lembrar meus hóspedes, casais e solteiros: Antonio Olinto e Zora; meus filhos — João Jorge, e Dôra; Luiz Carlos, com Conceição e minhas três netas: Adriana, Camila e Valéria; Paloma —; Roseana Sarney e Jorge Murad; Misette Nadreau; Anny-Claude Basset; o pintor Zbigniev; Georges Moustaki; Anna Seghers; Beatriz Costa; Sonia Braga; Chico Anysio; José Condé e Maria Luiza; Odylo Costa, filho com Nazareth; Tereza e Márcio Amaral; Antoinette Halery; James e Luiza Amado; Fernanda Amado; Moacir Werneck de Castro com Nené; Arnaldo Estrela com Mariuccia Jacovino, entre outros.

Matilde Urrutia, viúva de Neruda, passou conosco uma semana, após a morte do marido, ao vir à Bahia trazendo os originais do livro de memórias dele, para aconselhar-se sobre alguns detalhes de trechos vividos pelos dois compadres.

Matilde passou conosco uma semana e logo depois que partiu recebemos uma visita do FBI. Queriam confirmar se a sra. Urrutia era a viúva de Neruda e onde se encontrava. "Matilde Urrutia esteve na Bahia e já viajou", disse Jorge, secamente, e não encompridou conversa.

MOUSTAKI

Georges Moustaki — grego ou francês?, já nem ele sabe, depois de tantos anos vivendo na França — foi nosso hóspede várias vezes. Nosso amigo fraterno apaixonou-se pela Bahia e voltou sempre que pôde. Vinha para dar concertos ou apenas para matar saudades. Com ele dormiram, no quarto de hóspedes, Mário Lima, violonista que o acompanhava em suas turnês, e Marta Contreras, jovem chilena, percussionista e cantora de sua orquestra.

Certa ocasião, Moustaki chegou a Salvador com Mário para assistir à festa de Iemanjá e, como de hábito, hospedaram-se no quarto da frente. À tarde os dois desceram para a festa do Largo. "Não nos esperem para jantar, vamos entrar na batucada", disseram.

Nem vimos a hora que eles chegaram. Pela manhã, tomávamos café, quando a porta do quarto se abriu e dela surgiu uma jovem loira, loira como um trigal maduro, peitos empinados, figura impressionante. Tipo estrangeiro, talvez alemã, russa, polaca... Não devia falar o português nem ter o mínimo princípio de educação, pois não balbuciou uma única palavra, nem bom-dia nos disse, nem mesmo esboçou um gesto ou um sorriso. Não nos deu a mínima bola, sentou-se à mesa e serviu-se com apetite, talvez julgando estar numa pensão. Até então calado, divertindo-se às pampas com aquela surpreendente cena, Jorge disse apenas uma frase: "Vejam só a peitudinha!...".

Ao despertar, na hora do almoço, Moustaki já não a encontrou. A peitudinha passeara pelo jardim, andara pelo terraço, entrara no quarto dos rapazes umas duas ou três vezes e dera o fora.

Curioso, querendo tirar uma dúvida, Jorge perguntou a Moustaki:

— Me diga uma coisa, Georges, mate minha curiosidade: qual de vocês dois conseguiu dividir uma cama tão estreita com moça de peitos tão grandes?

Moustaki riu:

— Você sabe que nem lembro? Caí na cama e dormi.

O telefone tocou, alguém atendeu:

— É pra você, Jorge.

— É homem ou mulher?

— Pode ser homem ou mulher, ou os dois.

— Alô! É Jorge.

Do outro lado da linha uma voz masculina suspirou:

— Paixão!

Sem conseguir conter o riso, o dono da casa chamou seu hóspede:

— É com você, paixão.

Moustaki foi quem mais se divertiu com a história, e passaram, desde então, a chamar-se de Paixão.

MOUSTAKI INSPIRADO

Ao regressar a Paris, Georges Moustaki compôs duas músicas inspiradas na Bahia: "Bye, bye, Bahia" e "Bahia", onde há um verso que diz: *"C'est la que j'ai retrouvé le paradis de coté de chez Jorge Amado"*.

OS MÓVEIS

Lev Smarcevski encarregou-se de mobiliar a sala principal. Além da mesa e das cadeiras, colocou um longo aparador entre duas portas; ao fundo, dois pequenos móveis ligados por um sofá sob um janelão com grade de ferro, de Mário Cravo, dando para o jardim. Móveis pousados sobre uma base de vinte centímetros de alvenaria, revestida de azulejos, com desenhos — sempre de Carybé — representando as armas de Iemanjá e de Oxóssi, orixás que, segundo nossa saudosa mãe de santo, Mãe Senhora, do Axé do Opô Afonjá, protegem a casa e seus moradores.

Os quartos dos meninos eram muito simples: o de Paloma,

amplo com uma porta que dava para o jardim — hoje é a piscina; o de João ficava ao lado do quarto de Lalu, com uma janela de treliça dando sobre o terraço e, ao longe, a casa de Iemanjá no largo de Santana, sobre o mar.

O terreno enorme, quase vazio, além de mato raso, tinha apenas os dois velhos e altos sapotizeiros, que não roubavam a vista.

Tampouco roubava a vista a escultura do Exu, colocada no início do jardim, em frente à janela de João.

O COMPADRE EXU

Obra de Mestre Manu, o negro Exu de ferro fora encomendado por Jorge para ser o guardião da casa.

A grande escultura já instalada, no dia seguinte Jorge recebeu um recado de Mãe Senhora, que fosse ao seu terreiro com a maior urgência, precisava falar-lhe.

— Sim senhor, seu Jorge — foi reclamando —, o senhor coloca o "compadre" em sua casa, sem cuidar dos preceitos, sem lhe oferecer o que é preciso?! — ralhou a mãe de santo antes mesmo de cumprimentá-lo.

Jorge riu, um tanto surpreso:

— Não tive a intenção de desrespeitar o nosso orixá, minha mãe. A escultura que coloquei no meu jardim é apenas uma obra de arte para enfeitar a casa. Nada mais que isso.

— Ora veja, ora veja! Enfeitar a casa com nosso "compadre". Com Exu não se deve brincar, seu Jorge. Amanhã pela manhã, sem falta, vou mandar uma pessoa aqui da casa fazer o assentamento.

Em torno do Exu, o emissário de Mãe Senhora, logo cedo, no dia seguinte, cavou uma valeta e, nela, cantando e dizendo coisas que não entendi, enterrou um frango, charutos, azeite de dendê e aguardente. A mim foi dada a tarefa de oferecer-lhe, às segundas-feiras, um gole de cachaça, coisa que faço sempre que estou na Bahia, até hoje. Despejo o cálice de aguardente sobre sua cabeça e, às vezes, até assobio a musiquinha de seu agrado que Pierre Verger, entendidíssimo nos gostos de Exu, me ensinou.

Devido a seus chifres e a sua longa cauda, sempre achei que Exu fosse o diabo. Levei um carão de Mãe Senhora ao levantar essa hipótese. "Não repita mais isso, menina! Mania dessa gente achar uma coisa dessas de um santo forte e bom como ele! Exu é um santo poderoso, às vezes é um pouco travesso, gosta de pregar peças, lá isso é verdade, mas não gosta que chamem ele de diabo."

Anos depois Jorge ganhou do escultor Tati Moreno uma escultura de Maria Padilha, também conhecida como Pomba-jira, a que trabalha para resolver problemas amorosos, paixões não correspondidas, traições, solidão...

Jorge não pensou duas vezes: "Vou instalar Maria Padilha ao lado de Exu para fazer-lhe companhia, tirá-lo da solitude em que vive. O 'compadre' vai ficar feliz". Assim dizendo, Jorge colocou a escultura ao lado de Exu.

Nova convocação o levou à casa de Mãe Senhora.

Como podia a mãe de santo saber o que se passava em nossa casa, com tanta rapidez? Haveria um fuxiqueiro ou teria ela sabido através dos búzios? Mestra em comunicar-se com os orixás pelo jogo de búzios, outra não poderia ter sido a fonte, não havia dúvida.

Ainda uma vez, Jorge levou uma bronca antes mesmo de dizer bom-dia à Mãe Senhora:

— Como é que o senhor, seu Jorge, faz uma coisa dessas? — foi reclamando a mãe de santo. — O senhor então não sabe que o "compadre" e Maria Padilha não podem ficar juntos?

— Não, eu não sabia — respondeu Jorge. — Eles não são marido e mulher? É o que dizem por aí...

Sem confirmar se sim ou se não, ela disse apenas:

— Não se dão bem e, aprenda uma coisa, meu amigo, quem fala demais dá bom-dia a cavalo.

Maria Padilha foi transferida para o outro lado da casa, longe do Exu, junto da piscina, em meio de uns arbustos, quase escondida.

LIBERDADE DE PENSAMENTO

Mesmo sendo ateu, Jorge era amigo de mães e pais de santo, de padres da Igreja Católica e de outras religiões. Respeitava a todas e esteve sempre à frente no combate a qualquer tipo de preconceito e de intolerância religiosa, a favor da liberdade de pensamento e de credo.

Na boca de Pedro Archanjo, personagem de *Tenda dos Milagres*, Jorge colocou uma frase sua que repetia sempre ao ser interpelado sobre sua ligação com o candomblé: "Sou materialista, mas meu materialismo não me limita". Da mesma maneira, ao ser criticado por sua amizade com políticos pichados de reacionários, ele respondia: "Penso com minha cabeça e não sou cego".

Ainda jovem, quando a liberdade religiosa era limitada, sendo a religião católica quase oficial, outras apenas toleradas e as religiões de origem africana perseguidas e atacadas com violência, Jorge lutou contra essa violência e perseguição. Passou a frequentar os terreiros de candomblé de Mãe Aninha e de Joãozinho da Gomeia, os mais visados e atacados. Escreveu artigos para jornais, defendendo as religiões proibidas, escreveu em seus livros sobre as arbitrariedades existentes. Seu relacionamento com o candomblé vem desse tempo. Deram-lhe o título de obá de Xangô, fecharam-lhe o corpo para que jamais algo de mal lhe acontecesse.

Depois de longa e dura luta, Jorge conseguiu seu intento. Deputado federal na Assembleia Nacional Constituinte, em 1946, autor do projeto de lei que dava liberdade a todos os credos religiosos, viu sua iniciativa aprovada: a inclusão na Constituição Federal da garantia de liberdade de culto.

MENININHA DO GANTOIS E SUAS FILHAS

Mãe Menininha do Gantois foi uma de nossas amigas mais queridas. Costumávamos visitá-la sempre que podíamos. Jorge dizia: "Vou descansar minha cabeça, vou conversar com Menininha, ouvir suas histórias".

Mãe Cleusa, ialorixá, sucessora da própria mãe de sangue, também foi nossa amiga querida. Deixou-nos muito cedo. Carmem, outra filha de Menininha que sucedeu a irmã, trazendo uma bagagem de ensinamentos e sapiência, herdadas da mãe e da irmã, comanda com energia e bondade o terreiro do Gantois. Mãe Carmem está sempre presente nos momentos mais difíceis, amiga querida.

OLGA DE ALAKETU

A ialorixá Olga de Alaketu é figura poderosa. Impressiona vê-la comandando a festa de seu santo, no barracão da Luiz Anselmo, quando, vestida com elegância, turbante imponente enrolado na cabeça, colares e pulseiras os mais espetaculosos, dançando num rodopio fantástico, recebendo Iansã.

Amiga nossa desde que chegamos à Bahia, com Olga de Alaketu tenho uma história que não posso esquecer.

Também amigo e quase vizinho de Olga, ao levar, pela manhã, sua filha Sossó para o colégio, Carybé costumava dar uma passadinha pela casa da mãe de santo, batia um papinho com a amiga, tomava um café.

Naquela manhã, Carybé tinha uma consulta a fazer-lhe:

— Veja só, Olga, tive um sonho maluco esta noite — foi contando. — Sonhei que cheguei à casa de Jorge e ele me disse que Zélia tinha parido uma criança que já andava e falava. Parece que já tinha sete anos.

—Andava e falava? De sete anos? — interrompeu-o Olga. — Isso não é coisa boa.

— Pois é — continuou Carybé —, passei agora, antes de vir aqui, na casa deles e Jorge me disse que Zélia passou a noite gemendo de dor nas costas.

— Virgem! — assombrou-se Olga. — Isso é coisa-feita, não pode ser outra coisa. Vou dar um pulo lá no Rio Vermelho.

Na véspera, quando com Norma e outras parceiras jogava cartas, senti repentinamente uma forte dor nas costas, como se tivesse dado um mau jeito. A dor não passava e eu tomei um analgésico. Deitei com a dor e com ela acordei.

Estava eu estirada, gemendo, à espera do médico, chamado por Jorge, mas quem chegou antes foi Olga de Alaketu trazendo uma braçada de ramos de plantas variadas. "Isso é coisa-feita por gente da casa", diagnosticou a mãe de santo. "Quem é que trabalha aqui?"

Nossa cozinheira frequentava terreiros, isso sabíamos, mas nunca conversáramos com ela a respeito.

Olga quis ter um particular com a dita-cuja, foi à cozinha e acabou descobrindo tudo. Maria, a cozinheira, trouxera, havia dias, para morar com ela em nossa casa, uma filha com uma criança que apenas andava. O marido abandonara a moça e a mãe achou por bem lhe dar pousada, coisa digna e compreensível, só que ela não nos consultou. Descobrimos a invasão ao perceber o movimento na cozinha e ouvir o choro da criança.

Precisando de paz e sossego para trabalhar, Jorge não podia sacrificar sua tranquilidade, foi categórico: podia ajudar a moça com dinheiro, desde que ela encontrasse outro pouso. Lá em casa não era possível!

Pedindo socorro ao terreiro que frequentava, Maria, a cozinheira, voltou com receita garantida para dobrar o bicho.

Num caldeirão de água, aferventou as folhas milagrosas e em seguida despejou a poção, porta afora, escadas abaixo. Como se isso não bastasse, espalhou uns pozinhos pelos cantos da casa.

"Trabalho de caneteiro!", sentenciou Olga. "Ora veja! Despejar essa água peçonhenta porta afora é ignorância, é até perigo de vida. Como Jorge tem corpo fechado, nele nada pega, mas pega na pessoa mais próxima a ele. E quem é a mais próxima? Só pode ser Zélia e é ela quem está pagando o pato", concluiu Olga.

Com o ramo de galhos que trouxera, ela foi batendo, vapt, vapt, vapt, sobre meu corpo, de cima a baixo, de baixo a cima, folhas e ramos se partindo, espalhando-se sobre os lençóis e ela dizendo coisas que eu não entendia, até expulsar os males que me invadiam.

— Como está se sentindo, minha filha? — perguntou Olga, suada dos pés à cabeça.

— Estou bem, Olga. A dor passou.

A dor passou milagrosamente e eu, mais uma vez, pensei, assombrada, nos segredos e mistérios da Bahia, tão presentes nos romances de Jorge.

MÃE STELA

De Mãe Stela, sucessora de Ondina, que por pouco tempo foi mãe de santo do Axé do Opô Afonjá, fomos padrinhos de casamento. Desde muito jovem, Stela fora a filha de santo escolhida por Mãe Senhora para substituí-la e tomar a direção do terreiro, quando um dia ela faltasse. Até hoje, Mãe Stela comanda a casa, com pulso firme.

LUIZ DA MURIÇOCA

A proteção dos orixás nunca nos faltou. Vez ou outra Luiz da Muriçoca, babalorixá do terreiro de Ogum na Vasco da Gama, instalado no alto de uma ribanceira, lugar de difícil acesso, aparecia lá em casa.

A um pedido seu, Jorge conseguiu com o prefeito que fossem feitas escadas até o alto onde funcionava seu barracão, facilitando a vida do pai de santo e dos frequentadores do terreiro.

Fomos à inauguração da obra e, em plena festa, o dono da cabeça de Luiz da Muriçoca — que outro não era senão Exu — baixou nele, e o pai de santo, que não era jovem, dançou como se um menino fosse, em vertiginosas piruetas, numa coreografia alucinante, que nos deixou perplexos.

NEZINHO

Outro babalorixá, homem de grande sabedoria, Nezinho, foi quem descobriu, através dos búzios, que, além de Oxum, sou filha de Euá:

— Orixá da determinação, valente, cobra! — protestei, enquanto Jorge ria:

— Cobra, hem?

Ora! Eu ouvira não apenas de Mãe Senhora, como também de Menininha do Gantois, que minha protetora era a mesma delas: Oxum, dengosa e vaidosa, orixá das águas serenas, das águas doces... Agora vinha Nezinho com essa novidade de Euá, a cobra. Eu protestei, mas Nezinho insistiu:

— Pois tem as duas. É de Oxum e de Euá com certeza — garantiu com veemência e não recuou.

DOM ABADE

Protegido por orixás, amigo de mães e pais de santo, Jorge foi também amigo de um grande homem da Igreja Católica: dom Timóteo Amoroso Anastácio, abade do Mosteiro de São Bento.

Mente aberta, dom Abade não tinha o mínimo preconceito contra nenhuma outra religião. Estudioso das religiões africanas, dom Abade costumava frequentar terreiros de candomblé e rezava missas em sua igreja, encomendadas por mães e pais de santo — missas na igreja católica, lotada com a presença de mães e filhas de santo e de todos os crentes do terreiro.

Jorge mantinha também bom relacionamento com dom Clemente Nigra, da igreja de Santa Tereza.

Foi dom Clemente quem oficiou a missa de um mês, mandada rezar por Jorge, a pedido de Lalu, pela alma de seu pai. Depois da missa, Jorge ofereceu um almoço ao padre, em nossa casa. Lalu ficou meio desconcertada ao ver dom Clemente chegar vestido à paisana, camisa de mangas curtas, nada de batina.

— Tu achas que ele é padre de verdade? — perguntou-me.

— Claro que é. A senhora não assistiu à missa?

— E essa missa valeu alguma coisa? — monologou, a voz baixa.

FUNDAÇÃO CASA DE JORGE AMADO

Ao ser inaugurada a Fundação Casa de Jorge Amado, no largo do Pelourinho, para a qual Jorge entregou todo o seu acervo de sessenta anos de escritor, estiveram presentes ao evento o presidente José Sarney, Antônio Carlos Magalhães, o governador João Durval Carneiro e personalidades fundamentais para a fundação tornar-se uma realidade. Dom Timóteo Amoroso Anastácio e Luiz da Muriçoca foram convidados para abençoar a casa.

Depois de proferir palavras de amor, pedindo a bênção de Deus para essa nova instituição cultural que a Bahia ganhava, dom Abade deu a palavra a Luiz da Muriçoca, que, dizendo apenas "Axé", abriu uma janela e soltou um pombo branco que mantinha preso nas mãos. A ave, em liberdade, voou e sumiu no céu azul da Bahia.

ALMOÇO NA ALAGOINHAS, 33

A inauguração da fundação foi comemorada com um almoço na Alagoinhas, 33. Em mesas espalhadas pelos terraços, piscina e jardim, acomodamos quase quatrocentas pessoas sentadas, pessoas de todos os credos políticos e religiosos.

Interpelado sobre quem podia ou não convidar para o almoço, Jorge não quis saber de conversa, chamou quem bem quis, mesmo pessoas que eram, entre si, inimigas políticas. "Não tenho nada com isso", dizia ele, a quem o advertia citando nomes. "Eu não sou inimigo de ninguém. Eu convido, não faço discriminação. Vem quem quiser, todos são meus amigos." E foi assim que realizamos em nossa casa um almoço extraordinário, com a presença de José Sarney, presidente da República, vindo especialmente para a festa, ministros, senadores, deputados, amigos: do candomblé, da Igreja Católica e amigos sem rótulo, simplesmente amigos. Ninguém recusou o convite, ninguém faltou, tampouco faltou o clima alegre da amizade.

Jorge jamais foi tão felicitado como nesse dia pela proeza tão bem-sucedida.

Houve um convidado de última hora, um escritor soviético, que viera à Bahia para dar um recital de poesias. Figura pitoresca, num terno vermelho, Evtuchenko fazia sucesso, lotando auditórios, não sei se pelos versos que declamava em russo, ou se pela grande emoção que transmitia com sua voz potente e seus largos gestos.

Assistimos a um de seus recitais, e aí soubemos que o poeta, ao ouvir falar no almoço que íamos oferecer, manifestara o desejo de ser convidado.

Com seu chamativo terno vermelho — ou seria cor de morango? —, Evtuchenko coloriu o nosso grande almoço.

AS LARANJEIRAS

Um belo dia recebemos a visita de um engenheiro agrônomo, professor da Escola de Agronomia de Cruz das Almas, especialista em laranjas-de-umbigo. Pessoa simpática, depois de dar uma olhada naquele terreno enorme, disse a Jorge: "Se o senhor quiser, as melhores laranjeiras da Bahia poderão cobrir este terreno. Com enorme prazer a nossa escola lhe oferecerá as mudas".

O professor não precisou insistir. Entusiasmados, aceitamos em seguida a generosa oferta e em poucos dias as laranjeiras chegaram.

Seguindo as instruções do competente jovem, plantamos as mudas em terra fofa, cercadas de farto adubo. Deveriam prontamente crescer e produzir frutos. Jorge não abriu mão de chamar Carybé para provocá-lo, botar-lhe água na boca. Sem mesmo conseguir disfarçar o riso de desafio, disse ao amigo: "Você, meu compadre, não tem laranjeiras em seu pomar, não é mesmo? Pois então, não faça cerimônia, venha em breve aqui em casa, chupar laranjas conosco. Vamos ter as melhores deste mundo... Traga a comadre Nancy e os meninos...".

Nem breve nem nunca, nem as melhores nem as piores. No dia seguinte à visita do compadre, não havia mais uma única folha nos pés. As formigas haviam devorado tudo. Só então nos demos conta de que nosso terreno era o paraíso das saúvas. Lembramos outra experiência que tivéramos, havia alguns anos, em nosso sítio no estado do Rio. Saúvas enormes, de possantes ferrões, cujo prato preferido era nada mais nada menos do que folhas de laranjeiras, haviam acabado com nosso laranjal.

Dar cabo das formigas para sempre não era fácil. Levamos vários meses acompanhando o trabalho de Zuca, especialista no extermínio dessas pestes destruidoras. Zuca lutava e suava sem conseguir vencê-las. Matava um formigueiro aqui, surgia outra panela ali. O jeito era atacar também as da vizinhança, de terrenos infestados como o nosso.

A invasão se dava durante a noite. Lá vinham elas, em largo carreiro, subindo a ladeira, galgando nosso muro, ocupando sem dó nem piedade aquela terra onde haviam reinado e encontrado fartura.

Já se passaram quarenta anos desde que isso aconteceu e Zuca continua até hoje atrás delas e também de cupins na casa.

Jorge tratou de informar-se sobre o paladar das saúvas, do que elas mais gostavam e também do que não gostavam. Daí, já doutor na matéria, começou a plantar: mangueiras, jaqueiras, jambeiros, cajazeiras, caramboleiras, fruta-pão, bananeiras. Outras dezenas de árvores desconhecidas surgiam sem serem chamadas, crescendo rapidamente, dando sombra e encobrindo o sol. Encobriam o sol, encobriam a paisagem.

Ao plantarmos o jambeiro e a mangueira, perto da casa, Jorge teve uma ideia: "Vou mandar fazer banquinhos aqui junto e, quando as árvores crescerem, nós, já velhinhos, sentaremos de mãos dadas à sua sombra para conversar".

Jorge era caprichoso. Acompanhava com entusiasmo a plantação, não fazendo economia na compra do adubo. Caminhões e mais caminhões de estrume eram despejados em nosso terreno, as plantas se deliciando.

As árvores subiam em carreira vertiginosa direção do céu, na disputa de um lugar ao sol. Verdadeira luta a que assistíamos, com os mais fortes tentando e conseguindo vencer os mais fracos, empurrando-os, abrindo brechas, subindo, subindo sem parar.

Carybé passara uns meses viajando e, à sua volta, admirou-se ao encontrar a plantação do compadre crescida daquele jeito. Ainda uma vez Jorge se divertiu:

— Veja só, meu compadre, somos filhos de Oxóssi. Como o compadre bem sabe, nosso orixá é santo da mata, é caçador. De minha parte, honro o título que me deram no Axé do Opô Afonjá, sou obá de Xangô, filho de Oxóssi, de nome Otum obá Orolu. Trato bem o meu santo. Faço o que posso para agradá-lo, ofereço-lhe até uma floresta virgem, como você bem pode ver. E você?

Carybé não era homem de levar desaforo para casa. Resmungou:

— Floresta virgem, é? É... uma floresta... Pelo rumo que as

coisas vão tomando, logo, logo, vou encontrar meu compadre andando por aí de facão em punho, abrindo picadas... Enfrentando animais selvagens...

— Está aí — retrucou Jorge —, boa ideia! Feras, bichos, vou providenciar...

O terreno já estava todo plantado, inclusive um lote que ainda não conseguíramos comprar.

Ao saber quem era o comprador interessado, o proprietário resolvera meter a faca, pediu quase o dobro do que o terreno valia. Indignado, Jorge resolveu desistir do negócio, não estava a fim de passar por otário... ser explorado daquele jeito. Não adiantaram os meus conselhos, ele fincou o pé, não queria conversa com o explorador. O jeito, então, foi me meter no negócio e, sem que Jorge soubesse, com ajuda de amigos, consegui comprá-lo, pelo preço devido, em meu nome. Nesse terreno construímos, anos mais tarde, uma casa para João Jorge.

A floresta ia crescendo com árvores escolhidas por nós e outras que surgiam, para nossa surpresa, como um pé de umbaúba, a de tronco liso, de imensas folhas, formando uma corola ao alto como se fosse de uma enorme flor. Um aroma inebriante acusou de repente a presença de jasmineiros silvestres, perfumando com suas minúsculas flores a escuridão da noite. A cada dia uma surpresa.

O BICHO-PREGUIÇA

As férias chegaram e a família se reuniu na casa ainda por terminar. Estávamos todos almoçando, um dia, quando Zuca surgiu alvoroçado, aliás, um alvoroço meio forçado:

— Venha vê, dotô, apareceu no jardinho um bicho enorme, feio que só vendo...

— Um bicho? Enorme? Tem certeza, Zuca? — Jorge fingia não saber do que se tratava. — Que diabo de bicho é esse? De onde é que veio?

— Sei, não, dotô.

O bicho que havia no jardim era realmente feio. Não custou esforço identificá-lo: tratava-se, nada mais, nada menos, de um bicho-preguiça.

Na falta de um animal feroz para animar sua floresta selvagem, ao voltar para casa, naquele dia, Jorge comprara de um cidadão, no largo do Rio Vermelho, um bicho-preguiça. Pediu a Aurélio, o motorista, que entregasse o animal a Zuca, recomendando-lhe que o soltasse no jardim. Recomendou ainda que o jardineiro aparecesse na sala quando estivéssemos almoçando e encenasse uma surpresa, dizendo não saber de onde havia aparecido o animal.

Bicho feio, de cara miúda para um corpo tão grande.

Deixado à vontade para ir aonde bem quisesse, o animal foi se afastando lentamente, se afastando, e Jorge atrás. Eu e os meninos atrás dele, curiosos para ver qual a árvore que ele escolheria, a sua preferida. Impaciente, Jorge reclamava:

— Anda, rapaz! Vam'bora! — e o "rapaz", nada, nem te ligo.

Zuca arriscou um palpite:

— Eu acho que ele vai iscolhê o mulungu... é desse pé de pranta que esses bicho apricia...

O tal "pé de pranta" ficava lá no fim do terreno e, pacientemente, seguimos a preguiça — nome bem aplicado — durante um tempão até vê-la abraçar-se a um pé de umbaúba, como quem abraça um amigo querido e, lentamente, iniciar a subida, uma braçada agora, outra daí a muito tempo...

— Mas, Zuca, você não disse que o que ele mais gosta é do mulungu? — reclamou Jorge.

Zuca não se apertava:

— É, ele gosta dos dois...

Não tivemos paciência nem tempo de esperar que o animal chegasse ao alto.

A notícia veio horas depois. Zuca, que fora nomeado por Jorge guardião do bicho, trazia a novidade:

— A preguiça, dotô, desgraçou com a imbaúba, foi direto no coração da pranta lá em cima, comeu as folha toda.

— Desgraçou o umbaúba? — repetiu Jorge entre surpreso e indignado. — Comeu tudo, lá em cima?

— É, acho que o coitado tava morto de fome...

— E onde estava você, que não tomou conta dele? Eu não lhe disse que não o perdesse de vista?... — A custo Jorge escondia a risada presa, diante da cara desapontada do jardineiro.

—Agora, dotô, a gente vai tê que chamá Zé Macaco pra tirá ele de lá. Só Zé Macaco mesmo pra fazê esse serviço...

ZÉ MACACO

Zé Macaco, cujo nome era Isidro, foi chamado. Enquanto isso, o guloso, lá em cima, continuava a banquetear-se.

Isidro ganhara o apelido de Zé Macaco, desde menino, devido à sua agilidade ao subir em árvores e em tudo que fosse alto. Seu trabalho era este: subir e podar. "Eu gosto mesmo é de distruí... cortá árvre é comigo mesmo", ia dizendo e rindo com sua boca falha de dentes. Seu trabalho nesse dia seria outro: trazer o bicho lá de cima. Com uma agilidade incrível, lá se foi Zé Macaco, umbaúba acima, nós todos só apreciando. Do alto, a preguiça ao alcance de sua mão, ele gritou:

— Posso atirá ela pra baixo, dotô?

O berro que Jorge deu para impedi-lo de cometer tal maldade assustou o maluco.

— Vou atirá, não, dotô, atiro não... tô só pileriano...!

A preguiça circulou pelo jardim ainda alguns dias e, depois de ter "desgraçado" o único pé de umbaúba que havia e os três de mulungu que restaram, desapareceu como que por encanto. Tempos depois, ela foi vista nos braços do mesmo indivíduo que a vendera a Jorge, no largo do Rio Vermelho. Lá estavam ele e seu ganha-pão.

Quanto a Zé Macaco, continuou a nos servir sempre que foi preciso e isso durou anos, até que um dia ele resolveu, depois de uma cachaçada, atirar-se ao chão para espiar debaixo da saia de Eunice, nossa empregada, senhora séria, pudica, que abriu a boca no mundo, indignada.

Zé Macaco nunca mais foi chamado, nem mesmo quando colocamos um mastro para hastear bandeiras, e era preciso alguém para endireitar a carretilha ao alto.

Dessa vez, na falta de um animal selvagem para sua floresta, Jorge comprou uma seriema, ave pernalta. A seriema andava mais dentro de casa do que no jardim, era o encanto de Lalu e dos meninos.

Depois vieram os miquinhos, um casal de saguis apareceu lentamente, sem ninguém saber de onde. Em pouco tempo foram reproduzindo, a fêmea sempre carregando um filhote nas costas. Muito lindos e ousados. Não contentes com aquele mundo de árvores para subir e descer, eles invadiam a casa e nada mais podia ser deixado sobre a mesa da sala que eles não comessem. Certa vez encontrei um bando deles devorando um bolo feito para a merenda. Jorge achava graça nas artes e no atrevimento dos bichinhos até o dia em que eles cortaram todos os botões de jambo do Pará, as flores dos primeiros frutos que a árvore daria. Seus pistilos solferinos forraram o chão, formando um deslumbrante tapete.

Dessa vez, mesmo diante de tanta beleza, Jorge não achou

graça, resmungou: "Não vamos salvar uma única fruta deste jardim, eles vão destruir tudo!".

Foi chamado um técnico do zoológico, talvez ele tivesse meios de fazer recolher os ariscos bichinhos e levá-los para o zoo. Não houve jeito.

FAQUIR

Recomendado, já nem lembro por quem, apareceu Faquir para assumir as funções de faxineiro. A recomendação era boa: rapaz trabalhador, mãos fortes... Rapaz trabalhador, mãos de tenazes — partia um grosso galho de árvore com a maior facilidade, talvez até uma corrente de ferro ele destroçasse, se lhe pedissem —, trabalhador e forte, mas primário de fazer dó e de fazer rir.

Logo no primeiro dia, ao cair da tarde, ele quis saber: "Dona, a que horas eu recolho os 'niquinho'?".

Achei graça da inocência de Faquir, pensar que podia capturar aqueles diabinhos soltos, mas foi ele quem, aos poucos, dia após dia, com a ajuda de uma toalha, capturou os 'niquinho', encaminhados em seguida para o zoológico.

No largo do Rio Vermelho funcionava uma escola do Mobral, para alfabetização de adultos. Toquei-me para a dita escola, a fim de matricular o nosso Faquir. Dias depois, fui chamada: "O seu Faquir, dona Zélia, é caso perdido. Para ele seria preciso inventar um pré-Mobral", disse-me a professora, "nunca vi, em minha longa experiência de ensino, cabeça mais dura que a dele".

Como não alimentara nenhuma esperança de ver Faquir lendo e escrevendo, eu o matriculara nessa escola por desencargo de consciência. Não me decepcionei, nem me surpreendi, ri até com a ideia de um pré-Mobral.

Faquir só foi embora de nossa casa algum tempo depois, quando a "dona" — era assim que ele me chamava — perdeu a paciência com o abuso do moleque, ao vê-lo sentar-se entre Carybé e Mirabeau, que conversavam na sala. O atrevido fez espaço entre os dois, foi se acomodando e dizendo: "Dei um duro filho da puta e agora quero descansar".

Depois dessa, Faquir foi descansar noutra freguesia.

OS CÃES

Desistindo de animais ferozes, Jorge comprou uma cadelinha fox terrier paulistinha, que os meninos batizaram de Fusca. Fusca passou a ser o encanto da casa e Jorge achou que ela estava merecendo um namorado. Foi assim que ele resolveu comprar um machinho da mesma raça para fazer-lhe companhia, cujo nome seria Belair. Seria, porque logo no primeiro dia, mal havia chegado, Belair saiu correndo pelo jardim, atrás de Fusca, e, sem dar-se conta do perigo, caiu da ribanceira, indo estatelar-se de cabeça na calçada. Nem as compressas de mastruço que Lalu lhe aplicou deram resultado. Lá se foi nosso cãozinho.

OS GATOS

Tínhamos três gatos siameses: Gabriela, Nacib e Vadinho, filho do casal.

Apegadíssimo a Jorge, Nacib tornara-se a sua sombra. Mais de um romance foi escrito com Nacib servindo de peso de papel. Era ver Jorge sentar-se à máquina, que ele, num salto, subia à mesa e acomodava-se sobre as páginas dos originais. A cada nova página, com muito cuidado, Jorge levantava o seu bichano para colocar a folha.

Certa vez, ao ver Jorge parado, segurando ao alto uma página escrita, indaguei:

— O que é que há? Qual é o problema?

— Fale baixo, não vá acordar o Nacib, que está dormindo tranquilo — disse Jorge a meia-voz. — Estou esperando ele acordar para colocar a folha debaixo dele...

A preocupação de Jorge, agora, era Vadinho. O gato crescia a olhos vistos e ele receava que, de repente, o filho fosse cruzar com a mãe. Precisava conseguir, com urgência, uma fêmea para ele.

Numa viagem ao Rio, Jorge leu um anúncio: "Vendo linda gatinha persa azul...". "Se essa persa azul for tão bonita como anunciam, Vadinho vai se apaixonar por ela", entusiasmou-se Jorge.

Sem discutir preço e nem mesmo querer esperar pelo pedigree que faziam questão de lhe entregar ("Nossa casa é séria", dizia a proprietária, "não vendemos nada sem garantia"), Jorge batizou a gatinha: "Esta vai ser Dona Flor".

Levada para a Bahia, Dona Flor foi crescendo, crescendo, cada vez mais felpuda, cada dia mais linda. Jorge queria fazer Vadinho se interessar pela bela senhorita, colocando-os sempre juntos, curioso de ver o que resultaria de um cruzamento dos dois gatos: Vadinho, o siamês de pelo baixo com a formosa e peluda gata azul.

Essa mania de Jorge de fazer experiências de cruzamentos de animais diferentes para ver no que é que daria, eu conhecia de longa data. No sítio, no estado do Rio, onde moramos enquanto ele foi deputado, era assim que fazia. Tínhamos galinhas e galos os mais estranhos: galinha branca com penacho vermelho, galo carijó com penas brancas nas asas, um horror! Tudo arte de seu Jorge, que maquinava essas coisas. Agora sua experiência seria com gatos.

Para frustração de seu dono, o gato não queria conversa com a bela, afastava-se ao vê-la se aproximar. Ao ouvir comentários do filho a respeito, dona Lalu tratou de esclarecer:

— Tu não vê, meu filho, que esse gato peludo é "avinhais"?

— "Avinhais", minha mãe? O que é isso?

— Então tu não sabe, não?

Jorge bem que sabia o que ela queria dizer, mas fingiu não gostar de vê-la mudar o sexo de sua gatinha e, ainda por cima, chamá-la de veado.

— Onde foi que a senhora aprendeu isso, minha mãe? Coisa feia!

— "Avinhais"? Oxente! É o que todo mundo fala e tu também...

De repente a surpresa. Quem trouxe a novidade foi Zuca:

— Venha vê, venha depressa, dotô! Dona Frô tá lá no jardinho incruzano a Gabriela.

Corremos para ver a cena, mas chegamos tarde, o idílio já terminara. Somente depois de procurar por debaixo daqueles pelos todos, descobriu-se a macheza do animal. Lalu tinha razão quanto ao sexo do bichano. Dona Flor era um belo e vigoroso macho, mas não era "avinhais". Os empregados da casa passaram a chamá-lo de Dom Floro, mas, para nós, ele continuou sendo Dona Flor, pai de Chacha, fruto de seu romance com Gabriela.

CHACHA

Nem pelo duro, nem felpuda, Chacha era escura, de olhos amarelos, olhar penetrante. Não era bonita, mas atraía os gatos da vizinhança, e à noite era aquele miar e gemidos sem fim da gataria a rolar pelo telhado, numa folia desenfreada.

Tivéssemos, na ocasião em que demos nome a Chacha, as

empregadas atuais de Auta Rosa e Calasans Neto, nossa Chacha teria nome mais adequado: talvez Miritriz ou Avadia, como é chamada por elas a gatinha dos Calasans, fogosa como ela só ou, mais precisamente, como foi a nossa Chacha.

De repente, surpreendo-me a falar de gatos sem lembrar que o meu objetivo ao escrever sobre a casa que vai ser um memorial é informar, a quem interessar, como ela foi feita, os objetos que possui, os quadros, os amigos, os hóspedes, os animais e, sobretudo, qual foi o ambiente em que Jorge Amado escreveu e viveu durante quarenta anos. Surpreendo-me exagerando num assunto só: gatos.

Ainda teria muito a dizer sobre Chacha, contar, por exemplo, como, na sua primeira ninhada, ela veio parir em cima de mim, de madrugada, enquanto eu dormia, mas deixemos os detalhes para lá.

Não posso esquecer, isso não posso, de falar dos três gatos *manx*, trazidos da ilha de Man, situada entre a Inglaterra e a Irlanda. Gatos raros, quadris levantados, corpo e andar de coelho, lindos. Não foi fácil comprá-los, tivemos dificuldade mesmo em Londres, pois até lá esses gatos são raros. Trouxemos para a Bahia os nossos gatinhos já batizados: Ofélia e Hamlet, que eram filhotes, e Gipsy, já adulta. Quanto a Ofélia, tudo bem, mas Hamlet passou a ser chamado pelos empregados de Omelete; Gipsy simplesmente não era chamada.

Morta de ciúmes, de cima do telhado, Chacha, com seus grandes e penetrantes olhos amarelos, observava Jorge, que, ao lado da piscina, brincava com os gatinhos. Ao entrarmos em casa, Ofélia e Hamlet vindo atrás a uma certa distância, ouvimos de repente um barulho, um baque estranho e um miado doloroso que nos fizeram voltar ainda a tempo de surpreender, aterrorizados, Chacha estrangulando os dois gatinhos. Gipsy foi dada de presente à veterinária que cuidava deles.

O CORRUPIÃO

Nosso problema agora era trazer um corrupião, o pássaro sofrê, que vivia solto em nosso apartamento, no Rio de Janeiro. O sofrê vivia em liberdade. Tínhamos um viveiro ao lado de uma cantoneira junto à janela da sala. O viveiro estava sempre de porta aberta e ele fizera sua morada entre as plantas. De plumagem preta e amarela, lindo e cantador, Pituco — nome que lhe deram os meninos — mantinha conosco e nossos amigos uma intimidade sem limites. Pousava na mão de Jorge enquanto ele escrevia; tirou dos lábios do escritor Ferreira de Castro o cigarro que fumava e saiu voando com ele preso no bico; pousou no dedo que Simone de Beauvoir lhe oferecia; repetiu, na maior afinação, um trecho da música que João Gilberto estava compondo com Jorge para o filme *Seara vermelha*, deixando o compositor assombrado. Passeou pela casa toda no ombro de Nicolás Guillén; pousou na cabeça de Pablo Neruda e nela faria seu ninho, mesmo com poucos cabelos, não fosse retirado por Jorge; levou um lenço de Dorival Caymmi, num voo rápido.

No viveiro de Pituco colocamos um ninho para ver se era macho ou fêmea e estávamos sempre de olhos atentos para descobrir dentro dele um ovo, mas qual! Pituco era macho mesmo. Foi aí que Jorge não resistiu e comprou na mão de um menino que vendia pássaros trazidos de Goiás, em frente ao Copacabana Palace, um pequeno corrupião. Bem menor que Pituco, esse devia ser fêmea, fariam um belo casal.

O danadinho era pequeno, mas valente. Ao chegar, portas e janelas já fechadas, o passarinho foi solto. Inocente, cordial, Pituco foi ao seu encontro para dar-lhe as boas-vindas, mas nem teve tempo para recuar. O recém-chegado deu logo prova de sua macheza, avançando, bicorando o outro, sem dó nem piedade, plumas pretas e amarelas voando por todos os lados.

Depois desse triste encontro, o viveiro foi dividido, cada qual para o seu lado, regalia de porta aberta apenas para Pituco, "pessoa de confiança", como disse Jorge. Brabolino — batizado pelas crianças — voltou para o cativeiro, como sempre vivera. Neruda apaixonou-se por Pituco. O poeta e Jorge eram parecidos na maneira de ser, sobretudo em matéria de encantar-se por peças de arte, ou fosse lá o que fosse, que iam encontrando em andanças pelo mundo. Como Jorge, Pablo costumava dizer, ao deparar-se com algo que lhe tocasse o coração: *"Ya no puedo vivir sin esto"*.

Certa ocasião, em Pequim, numa de nossas andanças por esse mundo distante, visitando um bazar de antiguidades, Neruda deparou-se com um cavalo de pedra, réplica de um original, beleza de cavalo! Enlevado diante da peça, Pablo repetiu a frase já conhecida:

— *Ai, que ya no puedo vivir sin ese cavallo!*

Liu, nosso intérprete, tratou logo de avisá-lo, transmitindo a opinião do conselheiro de artes, posto à nossa disposição pela União de Escritores Chineses:

— Ele diz que a peça não é autêntica — explicou Liu. — A verdadeira encontra-se no museu. Esta é falsificada — repetiu.

— *A mi poco importa que sea falsificada* — disse Neruda —, *nadie va impedirme de comprar ese autentico falsificado*. — E comprou. O cavalo que encantou Pablo encontra-se num dos museus que guardam a memória de Pablo Neruda, no Chile.

Em nossa casa, quando funcionar o Memorial Jorge Amado, serão encontrados pelos visitantes vários autênticos falsificados, peças que tocaram o coração de Jorge, em várias e distantes plagas.

Desta vez, Pablo apaixonara-se pelo passarinho que o ator argentino Hugo del Carril comprara em frente ao Copacabana

Palace e que, não podendo levar para a Argentina, por falta de documentos, deixara sob a nossa guarda. Ao saber que não seria difícil também comprar um, Neruda não pensou duas vezes, saiu em busca de um sofrê, em frente ao hotel indicado, que ficava logo ali ao lado de nosso apartamento. Por sorte, encontrou o que procurava. O corrupião chegara de Goiânia naquela manhã, numa gaiolinha. Nessa mesma gaiolinha Pablo o levaria naquela noite para o Chile, sem papéis de autorização, clandestinamente. Levou-o, mas o pássaro não resistiu à viagem, chegou morto.

Quem dirá por mim o que o poeta sentiu, o quanto sofreu, será ele próprio, numa ode que escreveu e aqui transcrevo:

Te enterré en el jardín:
una fosa
minúscula
como una mano abierta,
tierra austral,
tierra fría,
fue cubriendo
tu plumaje,
los rayos amarillos,
los relámpagos negros
de tu cuerpo apagado.
De la fértil Goiânia,
te enviaron
encerrado.
No podías.
Te fuiste.
En la jaula
con las pequeñas
patas tiesas,

como agarradas
a una rama invisible.

OS CORRUPIÕES NA BAHIA

Um grande viveiro foi levantado em nosso jardim, junto ao Exu, dentro dele uma pitangueira, para acolher os dois corrupiões que trouxemos do Rio. Tivemos o cuidado de separar o gaiolão ao meio com uma tela de arame, para evitar possíveis conflitos. Infelizmente, nenhuma das duas aves poderia ficar em liberdade em nossa casa baiana.

Inocente e confiado como ele só, Pituco iria pousar nas costas de um gato e adeus viola! A festa aconteceria logo no primeiro dia. Tivemos que nos contentar em meter a mão, de vez em quando, pela porta do viveiro e fazer festinhas a Pituco, que, além da prisão, tinha que suportar os maus bofes de Brabolino, que investia contra a grade, metendo o bico pelos buraquinhos, tentando atingir o vizinho.

Ao voltarmos de uma de nossas viagens à Europa, não os encontramos mais. Haviam morrido.

OS PUG

Os cãezinhos pug vieram conosco da Inglaterra. Encantaram-nos, sobretudo depois de sabermos que eram dóceis e amigos fiéis de seus donos. "Até a rainha da Inglaterra possui cães dessa raça. Leva-os para dormir em seus aposentos", dissera-nos o vendedor, buscando nos entusiasmar. Não foi a coincidência de gostos nossos com os da soberana britânica que nos entusiasmou. Ao pousar os olhos nos bichinhos, Jorge repetiu a frase definitiva:

"Não posso mais viver sem esses cachorrinhos". Daí para comprar um casal, não demorou. O macho ficou sendo Mister Pickwick, e a fêmea, Capitu, personagens de Charles Dickens — paixão de Jorge — e de Machado de Assis respectivamente. Pickwick, nome difícil de ser pronunciado pelos empregados, passou a ser chamado de Picuco, mas Capitu continuou sendo Capitu até o fim de sua vida, depois de ter tido várias ninhadas e regalado amigos nossos, a quem demos as crias. Pickwick foi várias vezes campeão em concursos caninos, ganhador de medalhas e taças que ocupam um bom espaço numa estante de nossa casa.

OS STEINER

Um dia recebemos uma carta de Belém do Pará. Quem nos escrevia era Ruth Steiner, dona de uma cadelinha da mesma raça que os nossos, de nome Popota. Popota estava precisando de marido e em Belém ela não conseguira encontrar um pug para efetuar o casamento. Ficara sabendo que possuíamos um casal e, em sua amável carta, nos propunha promover um encontro de Popota com Pickwick. Se estivéssemos de acordo, ela e seu marido Rodolfo tomariam em seguida um avião para Salvador, levando a cadelinha, que se encontrava no cio. Foi assim que começou nossa amizade com o casal Steiner, gente da melhor qualidade. Picuco cumpriu sua missão direitinho e, no tempo certo, recebemos a notícia do nascimento da ninhada.

Fazendeiros de gado zebu na ilha do Marajó, Ruth e Rodolfo nos convidaram a passar uns dias em sua fazenda. Tínhamos grande curiosidade e desejo de ir a Marajó, conhecer a ilha de perto, pois já a conhecíamos através da leitura dos romances de nosso amigo Dalcídio Jurandir, escritor vindo de lá e que descrevia sua terra e suas histórias com maestria e emoção.

Convite para a família toda, não fizemos cerimônia, aceitamos. Com João Jorge e Mariinha e seus filhos — nossos netos Bruno e Maria João —, Paloma e Pedro Costa e sua filha, Mariana, tomamos um avião e nos tocamos para Belém do Pará. Aguardavam-nos no aeroporto Ruth e Rodolfo, que, num gesto de delicadeza, levaram também Popota para nos receber.

Passamos uma semana em Belém, passeando, revendo amigos, pessoas que conhecêramos em viagem anterior com um grupo de amigos, comboiados pela jornalista Eneida de Moraes, dona da terra.

Jorge não gostava de viajar de avião e não se acanhava de confessar que sentia medo, ficava no maior nervosismo antes e durante as viagens, coisa que, no entanto, jamais o impediu de aceitar convites ou de matar o desejo de conhecer mundos distantes. Sempre que podia, em viagens mais longas — por exemplo, para a Europa —, preferia o navio. Até perdi a conta das vezes que atravessamos o oceano em grandes transatlânticos e, sobretudo, em pequenos navios da linha espanhola Ibarra, que fazia viagens regulares entre Salvador e Vigo, com escalas nas ilhas Canárias e Lisboa.

Diante do pequeno avião dos Steiner, que nos conduziria à sua fazenda em Marajó, temi que Jorge fosse recuar, mas não, subiu e nem reclamou. Seria uma viagem curta e, com certo esforço, ele aguentaria.

O avião pousou nas proximidades da fazenda, descendo numa pista curta, pequeníssima, construída sobre um mar de lama. A fazenda, nosso destino, ficava a apenas um quilômetro do pouso.

Aguardava-nos, ao lado do avião, um longo barco, um batelão, puxado por duas parelhas de búfalos, quatro vigorosos animais, escalados para nos conduzir, arrastando aquele longo e colorido barco sobre a lama.

Naquele mar de espessa camada de lodo cresciam pequenos arbustos e flores, verdadeiro jardim onde voavam borboletas e libélulas de todos os tamanhos e de todas as cores, espetáculo único, de beleza sem par.

No batelão couberam com largueza nossa família, bagagens e os dois barqueiros, que, manejando duas longas varas e com seus berros, familiares aos animais, os conduziam. Tive, por mais de uma vez, a impressão de entender o que diziam, compreender aquela linguagem particular que eu traduzia para: "Força! Vamos! Está faltando pouco!". Os animais chafurdavam as patas no lamaçal até encontrar a resistência do solo e, num novo impulso, seguiam em frente.

Fascinados por tão inesperada paisagem, nem sentimos a distância percorrida. Encantado, Jorge voltou a sorrir e até me pareceu que ele esquecera os maus momentos, os sustos que raspara no aviãozinho, quando o piloto, querendo prestar serviço, ser gentil, fizera acrobacias incríveis, baixando quase ao solo em voos rasantes, na intenção de agradar o passageiro tão recomendado.

MANAUS

Realmente repousados, demo-nos por satisfeitos, depois de uma semana paradisíaca na fazenda, as crianças montando em búfalos, Jorge regalando-se nas conversas com os boiadeiros, ouvindo suas histórias, e na satisfação do convívio com nossos amigos, anfitriões perfeitos.

Para a aventura ser completa, na volta, resolvemos encompridar a viagem indo até Manaus. Havia navios-gaiola que saíam de Belém, fazendo escalas em várias cidades até chegar ao seu destino. Não tivemos dúvida, viagem sedutora era tudo o que desejávamos, e aproveitamos a oportunidade.

Embarcamos com filhos e netos no *Lobo da Almada*, atravessamos a floresta amazônica, numa viagem de mil peripécias. Revoadas de papagaios barulhentos sobrevoavam nossas cabeças, uma serpente enorme tomava sol sobre um grande tronco de árvore caído. Ao passar por Óbidos, nos impressionou a estreiteza do rio; pareceu-nos que o barco não poderia atravessar entre as duas margens. De repente, um deslumbramento! O Amazonas tomara tal dimensão que nos pareceu ter desembocado no oceano e estar navegando em mar aberto. Debruçados no tombadilho, apreciávamos o cardume de botos que acompanhava o navio. Um pescador, pessoa humilde, viajante da terceira classe, até então calado, ao ver nosso interesse, ao ouvir nossos comentários, não resistiu, resolveu dar sua contribuição: "Olhe, dona", disse, dirigindo-se a Mariinha, que por ser veterinária era quem mais entendia e dava explicações sobre botos, "esses daí são do tipo que gostam de namorar moça donzela".

NOVOS AMIGOS

Jorge costumava dizer que sua riqueza eram os amigos que possuía. Sabia cultivar amizades, "a amizade é o sal da vida", repetia sempre. "Onde quer que eu chegue, encontro porta aberta e mesa posta."

Em Manaus, nos aguardavam o escritor Paulo Jacob e Marilda, sua mulher. Conhecíamos Paulo Jacob através de sua literatura. Era a primeira vez que o víamos pessoalmente e o casal já nos oferecia "porta aberta e mesa posta".

Pessoa da maior simpatia, grande contadora de histórias, Marilda nos cativou em seguida. Tinham lido num jornal a notícia de nossa chegada e ali estavam, dispostos a nos hospedar.

Preferimos ir para um hotel, mas os tivemos como cicerones durante a nossa estada em Manaus e os conservamos como amigos para sempre.

Chegava a hora da melhor parte da viagem: a volta para nossa casa. Dessa vez não eram as saudades dos filhos nem dos netos que nos faziam abreviar a viagem. Era a saudade de nosso lar, de nossas coisas, de nosso aconchego. Era também saudade de nossos animais, sobretudo de Picuco, o responsável por essa viagem, responsável pelo encontro com Ruth e Rodolfo e pelos novos amigos que havíamos conquistado.

Picuco e Capitu viveram muitos anos. Ao perder seus cãezinhos, tristíssimo, Jorge declarou nunca mais querer outros. Foi Paloma quem descobriu o canil de Thomás Bonilha, criador de pug, em São Paulo. O aniversário de Paloma se aproximava. Sabendo da saudade que o pai sentia de seu cachorrinho e de sua teimosia em afirmar não querer mais possuir cães, ela teve uma ideia: usaria um estratagema para oferecer ao pai um pugzinho do canil que descobrira. Pediu a Jorge que lhe desse, em seu aniversário, um cachorrinho pug. O presente foi dado.

Apenas chegara do aeroporto, aonde fora buscar o cãozinho, Paloma passou-o para as mãos do pai.

— Toma, meu pai, é Fadul Abdala.

— Obrigado, minha filha — disse ele, satisfeito —, por tê-lo batizado com nome de um personagem meu que tanto estimo. Fadul Abdala é simpático, gostei dele.

Ao ouvir seu agradecimento, achei que Jorge estava abdicando de sua teimosia e aceitando o cachorrinho que viria alegrar sua vida. Eu não me enganara, pois, desde então, Fadul, que ele dera à filha, passou a viver em nossa casa, sempre atrás de seu dono, dormindo em seu colo ou velando-lhe o sono.

Fadul cresceu e Jorge achou que chegara a hora de arranjar noiva para ele. Dessa vez não cogitou em misturar raças, queria um pug mesmo, e, como na Bahia esses cães eram raros, não víamos jeito de resolver o problema.

Todos os fins de tarde, eu costumava assistir a uma novela na qual aparecia uma cadelinha pug. Deitado no meu colo, Fadul a assistia comigo. Nesse dia, quando menos se esperava, Inez — a pugzinha — apareceu em primeiro plano na tela. Fadul deu um salto de meus joelhos para o aparelho e latiu. Foi aí que eu tive a ideia: telefonei em seguida para meu amigo Edwaldo Pacote, que era homem da Globo, no Rio. Pacote poderia resolver esse assunto para mim.

— Pacote? Aqui é Zélia. Me diga uma coisa: a Inez, personagem da novela, pertence à Globo, ou é atriz contratada?

— Que Inez e que novela? — ria Pacote. — Explique do que se trata.

Depois de saber tudo, com todos os detalhes, Pacote ficou de me dar um retorno assim que pudesse.

— Pronto — disse ele, no dia seguinte —, a cadelinha não pertence à Globo, mas já está tudo acertado, Fadul foi posto no script da novela, vai ser ator — disse rindo.

Meu amigo não custou a convencer-me a mandar Fadul para o Rio a fim de fazer uma participação na novela. Assim, seguiu nosso cãozinho, na companhia de meus netos Maria João e Jorginho, para os estúdios da Globo, no Rio de Janeiro.

Numa festa canina, festa de seu casamento com Inez, ele apareceu em meio a cães de todas as raças acompanhados de seus donos. Inez, a noiva, de véu e grinalda, o noivo Fadul, de fraque e cartola. Chamei Jorge:

— Venha correndo, depressa! Venha ver... olhe Fadul, que lindo! Parece que ele está meio encabulado, você não acha?...

Jorge aproximou-se da televisão, deu uma olhada:

— Coitado de meu cachorrinho! Essa Zélia inventa cada uma!

Fadul voltou do Rio tão virgem quanto foi, pois a cadela não estava no cio. Em compensação, ficou famoso, tendo que posar ao lado de crianças e adultos que tocavam a campainha de nossa porta pedindo para serem fotografados ao lado dele.

O LAGUINHO NO JARDIM

Encontrava-me no Rio quando, num telegrama, Jorge anunciou-me a novidade: MANDEI FAZER UM LAGUINHO NO JARDIM STOP MÁRIO VAI NOS DAR UMA LINDA SEREIA PARA COLOCAR NO CENTRO STOP VAMOS TER SAPOS BEIJOS.

Ao chegar a Salvador, o lago já estava pronto, com baronesas espalhadas sobre a água, plantas que Jorge mandara apanhar no Dique do Tororó. No centro, a escultura da sereia de madeira pintada de vermelho, de Mário Cravo, uma beleza! Faltava apenas colocar, ao lado, o mastro para hastear bandeiras e conseguir uns sapos. O mastro foi colocado e o coaxar dos batráquios não tardou a ser ouvido. Enquanto isso, dois jabutis já circulavam por lá. (Esse laguinho já não existe. Depois que Carmelita, babá de minha neta, caiu dentro dele ao atravessar o jardim, em noite escura, e quase morre afogada, Jorge transferiu a sereia para a sala e mandou aterrar o lago.)

VISITAS E TELEFONEMAS MALUCOS

Casa tão espaçosa, mas Jorge não tinha lugar certo para trabalhar. Queria ficar isolado e, ao mesmo tempo, a par do que se passava em torno. Curioso de saber tudo — quem havia telefonado, quem tocara a campainha da porta —, ele parava e perguntava: "Quem foi? O que foi?". Como o telefone tocava muito e sempre tinha alguém tocando a campainha, seu trabalho era muitas vezes interrompido. Nem sempre eram telefonemas importantes nem visitas interessantes que valessem a interrupção do livro que escrevia. Apareciam pessoas — e até hoje aparecem — querendo contar sua vida para o escritor escrever um livro, pedindo favores, empregos, principalmente.

Sobre essas visitas, lembro-me de uma de alguns anos atrás. Jorge escrevia sentado numa das extremidades da mesa de jantar, seu lugar preferido, situado entre a porta de entrada da sala e do telefone. Nessas ocasiões, eu ficava alerta para atender a quem aparecesse, tratava de defendê-lo, despachando o freguês ou freguesa, se fosse o caso.

Uma visita, dessa vez para mim. Senhora de meia-idade desembarcava de um táxi no exato momento em que eu chegava em casa. Desconfiada da visita, fui subindo as escadas rapidamente, mas, antes que eu chegasse à porta, ouvi seu apelo:

— Dona Zélia, por favor, espere dois minutos apenas.

Enquanto ela subia eu fui dizendo:

— Só dois minutos mesmo, estou muito ocupada.

Sentadas na sala, ela foi desembuchando:

— A mulher de meu filho, não sabe? Não vale nada.

— Sua nora? — perguntei por perguntar.

— Que nora o quê! Nem casada com meu filho ela é...

Resolvi então não perguntar mais nada, deixei que ela falasse.

— A senhora nem sabe o que ela fez... Os dois brigaram e ela deu duas tamancadas na cara dele, machucou ele todo. Eu quero ver essa bruxa na cadeia e vim pedir pra senhora me ajudar. A senhora sabe, esses delegados por aí não dão confiança pra gente pobre.

— E no que a senhora quer que eu a ajude?

— Quero que a senhora vá comigo até a delegacia.

— Nem pensar! — respondi. — Bateu em porta errada.

— Mas a senhora é muito importante, conhece todo mundo, desde ACM até o prefeito... É só a senhora pedir que o delegado bota aquela desgraçada na cadeia...

— Olha aqui, minha senhora — disse-lhe —, não adianta insistir, os dois minutos já se passaram e eu tenho muito o que fazer. — Tratei de despedi-la. — Vá me desculpando... — chamei Sirlene, minha secretária, pedi-lhe que a acompanhasse à porta.

Certa vez, atendi a um telefonema de uma jovem:

— Sabe o que é? Minha professora mandou os alunos lerem o romance de Jorge Amado, *Mar morto*. Agora ela quer que a gente escreva o que achou, se gostou ou não, enfim, tudo sobre o livro.

— E você gostou ou não?

— Aí é que está — disse ela —, não li o livro, não tive saco. Então eu queria que Jorge Amado me contasse, mais ou menos, o resumo.

— Escute aqui, menina, nunca ninguém lhe disse que você é cara de pau?

— A senhora acha?

— Só acho. Tchau e me telefone depois de ler o romance. Faça esse esforço.

Depois de ser inaugurado o Teatro Jorge Amado, na Pituba, os telefonemas aumentaram:

— Será que seu Jorge pode arranjar um lugar de atriz pra minha filha, no teatro dele?

Não adiantava explicar que o teatro não era dele.

— Se ele quiser, eu posso levá-la aí em sua casa pra fazer um teste. Ela é uma gracinha.

Outros pediam ingressos. Outros reclamavam ou elogiavam o espetáculo.

Ainda um telefonema para mim, acontecido há muitos anos:

— Estou falando com dona Zélia? Meu nome é Aristotelina — foi dizendo —, a senhora salvou a vida de minha filha.

— Salvei? Infelizmente não me lembro de ter salvado a vida de ninguém.

— Já faz muito tempo, por isso a senhora não se lembra, mas eu nunca vou esquecer.

Deixei que Aristotelina falasse, estava assombrada com tal revelação.

— Já vai pra quase trinta anos. Eu estava no último mês de gravidez. Tinha ido à Cidade Baixa fazer umas compras quando comecei a sentir as primeiras dores do parto. Assustada, entrei num bar ali perto do Mercado Modelo, pedi um copo d'água e, daí, senti que a bolsa tinha estourado. Comecei a gritar e aí juntou gente na porta. Nisso, apareceu a senhora, dona Zélia, dirigindo a sua limusine preta. Vendo aquela confusão, a senhora entrou no bar para saber o que estava se passando e, ao me encontrar naquele estado, me levou, no seu carro luxuoso, até o hospital. Foi só eu chegar lá que minha filha nasceu. Não fosse a sua bondade, a menina teria morrido. — Ela continuou a falar, queria explicar o motivo do telefonema. — Agora nasceu o filho dela, a que a senhora salvou, e eu gostaria que a senhora fosse a madrinha.

Nem quis discutir, explicar-lhe que nessa época eu nem morava na Bahia, que nunca possuíra uma limusine e que, ao chegar à Bahia, tivéramos apenas um fusquinha de segunda mão. Agradeci o convite, dei uma desculpa, não poderia ser madrinha de seu neto, apenas não tive a fértil imaginação da avó dessa criança, não soube inventar uma desculpa melhor, disse--lhe apenas que viajaria no dia seguinte, sem data para voltar.

Jorge, que ouvira o telefone tocar, me vira atender e assistira ao meu longo silêncio, perguntou:

— Que telefonema mais demorado foi esse?

Sem esquecer detalhes, contei-lhe como eu me tornara heroína na imaginação da mulher.

— É uma doida — disse ele —, não sei como você tem paciência de ouvir tanta bobagem.

Por essas e outras, algumas vezes tivemos de sair de casa para Jorge poder trabalhar sossegado.

Fugindo do telefone, em busca de tranquilidade para trabalhar, passamos algum tempo na chácara de nosso amigo Dmeval Chaves, dono de livrarias em Salvador, na Boca do Rio. No primeiro mês, tudo correu bem.

Jorge escrevia à máquina, depois fazia correções à mão e eu passava a limpo. Sem telefone nem campainha de porta, o trabalho marchava. Depois do primeiro mês, no entanto, começaram a aparecer visitas — pessoas que chegavam de fora —, trazidas pelo próprio Dmeval. Tivemos que mudar de acampamento. Dessa vez, fomos para a casa de campo de Nair e Genaro de Carvalho, na antiga estrada do aeroporto. Lugar lindo, tranquilo, o trabalho marchando. De repente, começaram a aparecer amigos, aos domingos. Depois, vinham aos sábados e ficavam para o domingo. Durante a semana, apareciam jornalistas para entrevistá-lo. Lá esteve, inclusive, Clarice Lispector, entrevistando-o para uma revista, não me lembro qual.

83

Da chácara de Genaro nos mudamos para a granja de Lygia e Zitelmann de Oliva, em Buraquinhos. Também não deu certo. O jeito era, pois, irmos para a Europa.

LONDRES

Antonio Olinto e Zora tinham um apartamento em Londres, onde já nos hospedáramos por alguns dias. Dessa vez a estada seria longa: Jorge escrevia *Tieta do Agreste*, estava embalado no trabalho e não podia interrompê-lo.

Um apartamento, no mesmo edifício dos Olinto, cuja proprietária viajaria por seis meses, nos foi alugado. A moça que nos alugou o apartamento mobiliado trancara os armários repletos de roupas, não nos deixando espaço para guardar coisa alguma, um desconforto só. Um belo dia, estávamos deitados depois do almoço quando ouvimos um ruído de chave na porta. Era a própria quem entrava, meio afobada, e, sem nos dar satisfações, nem mesmo nos cumprimentar, abriu um guarda-roupa, tirou alguns vestidos, colocou-os numa sacola e foi embora. Naquele dia mesmo decidimos nos mudar.

Com a ajuda de Olinto, alugamos um apartamento pequeno, nas imediações de sua casa, na George Street, e nos mudamos. Naquele pequeno apartamento, passamos vários meses na maior tranquilidade. Eu assumi as funções de dona de casa, arrumando e cozinhando, passando a limpo os originais de Jorge sem os encargos de atender porta e telefone.

Embora tivéssemos em Londres vários amigos, decidíramos não fazer vida social, devíamos aproveitar ao máximo o nosso tempo, Jorge aflito para terminar o romance, aflitos estávamos para regressar à nossa casa.

As únicas visitas que fazíamos, vez ou outra, à noite, a não ser à casa dos Olinto, era à de Caetano Veloso, que, vítima da ditadura militar, havia sido obrigado a deixar o Brasil, com mulher e filho, e fora viver em Londres. Gilberto Gil, também, nas mesmas condições que Caetano, se despedira do Brasil com "aquele abraço" e encontrava-se em Londres, com "sua régua e seu compasso"; quando não íamos à sua casa, o encontrávamos na de Caetano.

Visitas limitadas, mas que nos possibilitavam uma convivência agradável e solidária com esses talentosos e injustiçados artistas. Essas visitas nos davam a oportunidade de encontrar em suas casas — sempre repletas de amigos brasileiros — outros jovens carentes de um aconchego.

Foi um tempo muito produtivo, o de Londres, mas não víamos a hora de voltar para a rua Alagoinhas. Recordo sempre a frase de Jorge: "O melhor das viagens é a volta para a nossa casa".

Dessa estada em Londres, Jorge voltou com seu romance quase pronto e encontramos à nossa espera Cecília, nova netinha, filha de Paloma.

MONTE ESTORIL

Ainda um livro pedia tranquilidade a Jorge. Viajamos para Portugal, a conselho de nosso amigo Nuno Lima de Carvalho, que nos reservou no Hotel Atlântico, em Monte Estoril, aposentos sobre o mar. Enquanto Jorge escrevia *Navegação de cabotagem*, eu alimentava gaivotas que vinham ao nosso balcão comer, em minhas mãos, migalhas de pão que eu lhes oferecia.

Temos muitos amigos em Portugal e eu temia que aparecessem, mas, conscientes, sabendo que Jorge trabalhava e precisava de paz, só apareciam quando eram convidados.

O livro ainda não estava pronto quando bateu a saudade da Bahia, de nossa casa, de nossos cães, gatos, papagaio, de nossos filhos, netos e amigos.

O Natal se aproximava. As saudades eram grandes, mas teríamos conosco filhos e netos, além de Luiza e James Amado com seu neto Fábio, que passariam as festas de fim de ano em Portugal. Dias de alegria. Depois que eles partiram as saudades voltaram, dessa vez mais fortes.

Com o livro inacabado, arrumamos as malas e tratamos de regressar, tomando um navio que transportaria todas as peças de cerâmica que Jorge comprara e as que recebera de presente. Até um aparelho de jantar de barro, da cerâmica de nosso amigo José Franco, ganhamos. Recebemos de amigos, às vésperas de nosso embarque, vários queijos da Serra e um belo presunto de Chaves. Juntamos as iguarias às cerâmicas no grande cesto que nos deram e embarcamos em Lisboa, sem nos lembrar de que havia uma lei — que perdura até hoje no Brasil — proibindo a entrada de derivados de leite e de suínos.

Ao chegarmos ao porto de Salvador, lá estava a família toda à nossa espera, além dos amigos. João Jorge conseguira permissão e veio com Aurélio, nosso motorista, ao nosso encontro, no tombadilho. Já na fila para a alfândega, ao sentir o aroma do presunto e dos queijos que exalava do cesto, João se alarmou:

— Meu pai — disse —, você não sabia que essas coisas que está trazendo são proibidas?

— Deixa comigo — disse Jorge.

O homem da alfândega se aproximava:

— O que o senhor traz neste cesto?

— Cerâmicas — respondeu Jorge tranquilamente.

— E nessa pasta? Livro novo?

— É, trago aqui os originais de um romance.

Antes que o funcionário da fiscalização voltasse ao cesto perfumado, Jorge lhe disse:

— Se o senhor já despachou minhas cerâmicas, eu gostaria de mandá-las para o carro.

Nem esperou resposta, ordenou a Aurélio e a João:

— Levem o cesto com muito cuidado e o coloquem no bagageiro, são peças frágeis.

A ALEGRIA DO REGRESSO

A cada regresso dessas longas viagens, achávamos nossa casa mais bonita, mais aconchegante, mais nossa vida, e estávamos sempre dispostos a não mais nos ausentar por muito tempo.

Com a nossa chegada, a casa encheu-se de amigos, novidades de cá e de lá, boas risadas e tudo acompanhado de queijo da Serra e de presunto de Chaves, maravilha das maravilhas, regados com bons vinhos.

Em geral, essas reuniões em nossa casa aconteciam aos domingos pela manhã. Primeiro, vieram os mais íntimos, depois começaram a aparecer os menos íntimos, depois pessoas desconhecidas — "soubemos que Jorge Amado está recebendo..." e patati, patatá... — iam entrando. Em torno da mesa do terraço, farta do que comer e beber, agora também crianças disputavam espaço. As iguarias trazidas de Portugal — além do presunto e dos queijos, um imenso pão de ló, de Viana do Castelo, mandado por nosso amigo Natário, e os pastéis de Belém oferecidos por Clarinda e Nuno Lima de Carvalho — terminaram rapidamente; pouca coisa sobrara. Passamos a reforçar a mesa com iguarias que comprávamos de véspera.

Nossas manhãs dominicais, tão agradáveis com alguns de nossos amigos, passaram a ser pesadas, cansativas e dispendiosas, com esse mundo de gente a se banquetear e a perturbar o ambiente. O jeito seria acabar com a "farra". Jorge resolveu isso num dia em que viu um menino dar uma dentada num pedaço de queijo gruyère, em seguida cuspir e jogar fora, no jardim, o naco que sobrara.

HARRY BELAFONTE

Agora, reuniões aos domingos só para receber e homenagear alguém que chegasse de fora. Foi o caso de Harry Belafonte, que veio à Bahia especialmente para conhecer Carybé e Jorge.

Belafonte se encantara com os dois murais pintados por Carybé no Terminal da América Latina, no aeroporto de Nova York. Possuía um quadro do artista, lera *Jubiabá*, de Jorge Amado, apaixonara-se.

Com Julie, sua mulher, David e Gina, seus filhos, Harry Belafonte embarcou em seu avião particular em Nova York e saltou no Rio de Janeiro. Naquela época, não havia em Salvador aeroporto internacional. Por isso, sem sair do aeroporto do Galeão, a família Belafonte tomou um avião fretado e chegou aqui. A estada na Bahia dessa encantadora família foi das mais movimentadas.

A imprensa caiu em cima do famoso artista. Ao desembarcar no Rio, cobriram-no de perguntas:

— Quanto tempo vai passar no Rio? Quais são seus planos?

— Daqui vou direto para a Bahia — respondeu ele.

— Algum contrato na Bahia?

— Nenhum contrato.

— O que vai fazer na Bahia?

— Vou ver Jorge Amado e Carybé.

— E depois? — insistia o repórter.

— Depois passo uns dias com eles e volto para Nova York.

Essa entrevista nos foi contada por Belafonte, divertindo-se.

É difícil lembrar o número de pessoas que convidamos para

almoçar com os Belafonte, aqui em casa. Amigos escolhidos a dedo, admiradores do grande artista e, sobretudo, pessoas que certamente os agradariam.

Garimpando no mundo de fotografias de todas as épocas que possuo acumuladas, encontro algumas do almoço que oferecemos aos Belafonte em nossa casa. Festa de amigos espalhados pelos terraços e jardins: Carybé e Nancy, Carlos Coqueijo Costa e Aydil, Jenner Augusto e Luiza, Genaro e Nair, Sante Scaldaferri e Marina, Calasans Neto e Auta Rosa, João Ubaldo Ribeiro, Olga de Alaketu, Valdeloir Rego, Emanoel Araújo. Jorge fez questão de chamar Riachão, que cantou e dançou, encantando nossos hóspedes.

Apresentado a Olga de Alaketu, Harry manifestou seu desejo de assistir a uma festa de candomblé e, claro, na primeira batida de atabaques a Iansã, daí a dias, acompanhamos os Belafonte ao barracão da rua Luiz Anselmo.

Uma poltrona de vime foi oferecida aos hóspedes de honra para que sentassem à frente. Eles preferiram ficar de pé, atrás, ao nosso lado.

Feita a roda das iaôs, os santos foram baixando, caindo em transe, à espera da ialorixá Olga, dona da festa.

Mais bela do que nunca em sua vestimenta de Iansã, ela entrou no barracão em rodopios fantásticos. Impressionado com aquele espetáculo, emocionado, Belafonte apertou o braço de Jorge. Parecendo preocupada, com um olhar significativo, Julie apontou-me os arrepios que cobriam rosto e braços de seu marido. Eu temi que ele fosse receber o santo, mas, sempre trêmulo e emocionado, ele aguentou firme até o fim.

No dia seguinte, Julie nos telefonou. Queriam ir à nossa casa, mas pediam a Jorge que não convidasse ninguém. Harry precisava descansar, conversar tranquilamente com Jorge, estirar-se na rede do terraço.

A família Belafonte permaneceria ainda uns poucos dias na Bahia e Harry manifestou o desejo de visitar outro terreiro, sobretudo, se possível, o de Menininha do Gantois, de quem Jorge lhe falara com tanto carinho. Felizmente o candomblé do Gantois bateria antes que eles partissem e, assim, nosso amigo pôde realizar seu desejo e ainda uma vez voltou a encantar-se e a emocionar-se. Mais descontraído, ele entrou numa roda de iaôs em transe e deu uns passos de dança. (Ainda uma vez estivemos juntos numa *casa de santería*, nome dado ao candomblé em Cuba, quando lá nos encontramos muitos anos depois.)

Devíamos viajar para o Rio, onde nossos amigos — Eduardo Portella, Eneida de Moraes, José Mauro Gonçalves, Sérgio Porto, Mauritônio Meira, José Condé com Maria Luiza, João Condé, Afrânio Melo com Nília, Waldemar Cavalcanti com Gerusa e Misette Nadreau, entre outros — nos aguardavam para um jantar numa churrascaria em que costumávamos nos reunir aos domingos quando morávamos no Rio. Não podíamos faltar.

Com os Belafonte, partimos para o Rio de Janeiro. Infelizmente, eles não poderiam comparecer a esse jantar, pois partiriam em seguida para Nova York.

Os amigos Belafonte não voltaram mais ao Brasil, mas continuamos a nos encontrar sempre, por essa vida afora, em várias partes do mundo, e a cada encontro uma festa.

A IGREJINHA DE SANT'ANA

Catalogando meu arquivo de cartas e telegramas de Jorge, encontro entre os meus alfarrábios o rascunho de um artigo a ser mandado para um jornal, protestando contra a iminência da demolição da antiga e singela igrejinha do largo de Sant'Ana.

Volto àqueles dias distantes, quando os intelectuais baianos se uniram, preocupados com o boato de que a igrejinha do largo de Sant'Ana seria posta abaixo, em vista da construção da uma nova, ali, sobre o mar, ao lado da casa de Iemanjá. O boato — que não era apenas um boato, mas sim ameaça verdadeira — revoltou não apenas os artistas do Rio Vermelho como os de toda a Bahia. Convocados para uma reunião em nossa casa, ninguém faltou: escritores, jornalistas, pintores e escultores da Bahia, dispostos a não permitir tamanho crime. Juntos, iríamos lutar para impedir que tal pecado fosse consumado.

Nessa reunião de revolta e determinação, foram discutidos vários planos, sendo um deles a tomada da igreja pelos intelectuais, que a transformariam num museu.

Reproduzo aqui um rascunho de Jorge que acabo de encontrar:

A igrejinha de Sant'Ana é um bem, um patrimônio do povo do Rio Vermelho, sobretudo do povo pobre, dos pescadores, dos jangadeiros, dos homens da terra e dos homens do mar. Está ela igualmente ligada aos artistas e aos escritores baianos. Por que derrubá-la? Quem pode ser a favor de tal absurdo? Por que não aproveitá-la para um museu do bairro, onde estejam obras de arte dos escultores e pintores do Rio Vermelho e da Bahia e as coleções artesanais do povo? Aí estarão esculturas de Mário Cravo, ou seja, do maior escultor brasileiro vivo; desenhos de Carybé, que aprendeu amar a Bahia; gravuras de Mestre Hansen; quadros de Jenner Augusto; de Willys, de Floriano, de José de Dome, enfim, toda a nossa riqueza artística: Genaro de Carvalho, Calasans Neto, Mirabeau Sampaio, Fernando Coelho, Juarez Paraíso, João Alves, Carlos Bastos, Hélio Basto, Cardoso e Silva, Sonia Castro, Emanoel Araújo e tantos, tantos mais — toda essa riqueza estará no Museu de Sant'Ana. E os originais de Nestor Duarte, de Godofredo Filho, de Florisvaldo Matos, de Vasconcelos Maia, de Luiz Henrique, de Ariovaldo Matos, de Carvalho Filho, de Walter da Silveira, de Wilson Lins, de Odorico Tavares, de nossos poetas e ficcionistas. Que destino mais belo e nobre! Por que esse monstruoso desejo de destruir um bem do povo? Por quê? Não chego a entender os motivos. Por que esse ódio a uma pequena igreja tão linda?

O encontro e a luta dos intelectuais não foram em vão. A igrejinha de Sant'Ana permanece de pé em seu lugar, dando graça e beleza ao largo, servindo de teto a realizações culturais.

NOVA GARIMPAGEM

Em minhas garimpagens costumeiras em busca de textos e livros preciosos, deparo-me às vezes com achados surpreendentes.

Desta vez, quando procuro não esquecer detalhes da casa que busco descrever, dos animais, de artistas com sua arte a embelezar nossas paredes, de amigos que privaram de nossa intimidade, descubro um deles que vem ao meu encontro: o poeta Antonio Olinto, na sua *Antologia poética*:

Descrição da casa de Zélia e Jorge Amado

Bem no começo é claro tem a entrada
como deve existir em toda a casa
mas de largueza tanta que a largada
é leve pouso em pena e pouso em asa
e as plantas sobem pelo céu e pela
porta de acesso agora aberta: fê-la
Carybé numa dura trança-trança

de madeira marrom, severa, mansa,
a sala nos espera em mesa cheia
a comida chegando para a ceia
amigos que se abancam sobre o assento
das cadeiras e se olham no momento
que antecede a garfada, o gesto ou o ato
de comer e beber, enquanto o gato
que se chama Nacib entra na sala
passeia com solene pompa e gala
e Gabriela, a gata, num tropel
corre atrás de uma bola de papel
os quadros pendem livres e sem susto
Floriano, Carybé, Jenner Augusto,
João Alves e Licídio, Henrique Oswald,
Aldemir e as madeiras de Aguinaldo,
Hélio Basto, Cardoso, Zé de Dome,
cerâmica de toda parte e nome
tapetes de Genaro e estas gravuras
de Calasans não longe das figuras
de Rescala e Rebouças, e Giovana
Bonino divulgando a arte baiana,
Raimundo de Oliveira, Carlos Bastos,
a varanda se estende sobre os vastos
largos de branco e verde, com aquela
palmeira penetrando na janela
sendo parte da casa em vento e mar
o jardim se contendo a meditar
coisas reais de comida e de mulher
azulejos de Oxosse e de Iemanjá
passam tênues por baixo do sofá
correm pelas paredes e por fora
entram no quarto azul em que eu e Zora
dormimos nossas noites de Bahia

retesam a toalete, a livraria,
a máquina cansada de escrever
num canto a lisa cesta de bananas
desenhos e queixumes de baianas
um toque de Vadinho em cada queixa
e Jorge está aí que não me deixa
mentir que já seu Gil e Quincas Berro
Dágua saem da sala em tom de enterro
junto com Galo Doido e gentes velhas
de livros anteriores a esta casa
mas que vieram cheirar as mesmas telhas
e sentir o calor da mesma brasa.

ENTREVISTA NA TV

Quem vem agora ao meu encontro é o próprio Jorge. Ouço sua voz, tão minha conhecida, falando sobre a nossa casa, numa entrevista dada à televisão, há algum tempo:

Comprei minha casa na Bahia com os dólares recebidos ao vender à Metro Goldwin Mayer os direitos autorais de meu romance *Gabriela, cravo e canela*. Com o dinheiro do imperialismo americano vi realizado um sonho de minha vida: o de ter uma casa na Bahia e nela viver.

É uma casa que, para Zélia e para mim, é a nossa história. Aqui nós vivemos as melhores horas, os melhores momentos de nossa vida. Diante do jardim que plantávamos, um dia, eu disse à Zélia: "Quando a velhice chegar e estivermos os dois sozinhos, aqui de mãos dadas, recordaremos os dias felizes".

Assim aconteceu muitas vezes.

Hoje, sozinha, sem ter sua mão para segurar, vou vivendo

das recordações das coisas boas e das coisas belas que juntos vivemos naquela casa, a casa da amizade, a casa do amor.

Das lembranças que guardo, tantas, uma delas, a da ameaça de demolição da igrejinha do Rio Vermelho, a luta dos intelectuais para mantê-la de pé, fez-me tomar uma difícil decisão. Lembro-me do que dizia Jorge: "Por que não aproveitá-la para um museu?". Isso mesmo. Por que ficaria eu sozinha nessa casa? Por que não manter abertas as portas para os admiradores de Jorge Amado, aqueles que aparecem diariamente, ansiosos de conhecer o ambiente onde o escritor viveu durante tantos anos, inspirou-se e escreveu seus romances? Não, não poderia ser tão egoísta, não poderia conservá-la só para mim.

MUDANÇA

De coração apertado, mudei-me há cinco meses para um apartamento, nas proximidades do Rio Vermelho — cinco minutos de automóvel. A velha casa está precisando, com urgência, de consertos para ser transformada num memorial, num museu, franqueado a todos que desejam visitá-lo.

Trouxe Fadul comigo, João Jorge, que mora num apartamento acima do meu, trouxe nosso velho louro. Paloma, que vive uns andares abaixo, quis muito trazer Fifi, sua gatinha, mas Fifi preferiu ficar na casa.

NOTÍCIA DE ÚLTIMA HORA

Apareceu no jardim da casa da rua Alagoinhas, 33, um tatu. Estou acabando de saber. Zuca telefonou-me dando a notícia. Quem o trouxe? De onde veio?

Curiosa, quis detalhes de tal aparecimento e perguntei ao vigia da casa:

— E mesmo verdade que apareceu um tatu por aí?

— E o que dizem — respondeu.

— Você viu o tatu? — insisti.

— Ver mesmo eu não vi, mas a senhora sabe: onde tem terra tem tatu.

Partitura de "Não te digo adeus", poema que Jorge Amado dedicou a Zélia Gattai em 1945, em sua coluna "Conversa Matutina", no jornal *Folha da Manhã*. O maestro Cláudio Santoro o musicou e orquestrou.

Decoração do Carnaval de 1985, em Salvador, que homenageou Jorge Amado.

No Carnaval carioca de 1989, o escritor desfilou sobre um carro alegórico da escola Império Serrano, cujo samba-enredo tinha como título *Jorge Amado Axé Brasil*. Abaixo, Jorge Amado e Zélia Gattai na Marquês de Sapucaí.

Detalhe da decoração do Carnaval de Salvador de 1997, inspirado em Tieta.

Banda Didá fantasiada como Tieta, a famosa personagem de Jorge Amado, no Pelourinho.

Dona Eulália, a Lalu, mãe de Jorge Amado, com Zélia Gattai.

Viturina, mãe-pequena do candomblé do Bate-Folha.
Com seu traje de baiana, ela se instalava no jardim
da casa do Rio Vermelho e fritava acarajés nas festas.

Em 1998, o escritor baiano recebe o título de doutor *honoris causa* outorgado pela Universidade de Paris, Sorbonne Nouvelle. No destaque, a medalha da Universidade.

Acima, azulejos de Carybé com desenhos de frutas e bichos brasileiros, no pórtico de entrada da casa do Rio Vermelho.

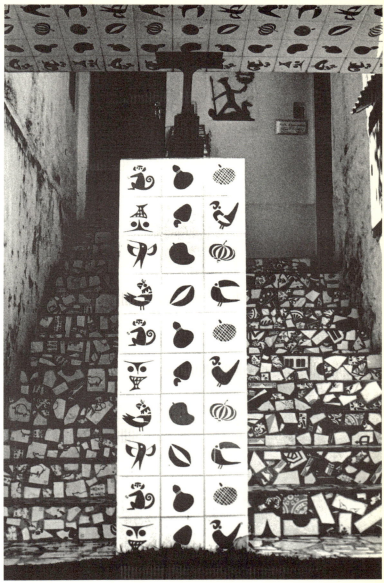
A entrada da casa, revestida com azulejos do artista.

Porta com entalhe da figura da heroína de *Tereza Batista cansada de guerra*, romance de Jorge Amado. O presente foi oferecido por Mestre Calá.

A viga que sustenta o telhado foi transformada por Carybé em uma pomba.

Acima, grande azulejo com o número da casa.
Abaixo, dois azulejos pintados por Helena, mulher do ceramista José Franco, do Sobreiro, em Portugal.

Na sala da casa (acima) o quadro dos *Cangaceiros*, de Carybé (abaixo), tem lugar de destaque. Nanquim e guache, 65 x 95 cm, 1962. Reprodução de Adenor Gondim.

O jardim da casa, onde bancos foram instalados entre as árvores.

Esculturas africanas representando orixás
a pé e a cavalo, com um peji de Oxóssi no centro.

A carranca da cabeça de um cavalo que decora a quina
da entrada da casa, junto à porta do terraço.

Ao lado, a Nossa Senhora de madeira com coroa de pregos que fica no terraço. Ela foi esculpida por Aguinaldo, ajudante no ateliê de Mário Cravo.
Abaixo, a sereia de madeira de Cravo que decorava o lago e foi transferida para a sala da casa.

A telha chinesa de louça brilhante, com uma escultura verde-amarela, comprada em um mercado de Pequim.

Peça indiana de madeira que integra a coleção de São Jorges.

*Vacina de sapo
e outras lembranças*

Há mais mistérios entre o céu
e a terra do que sonha a nossa
vã filosofia.
WILLIAM SHAKESPEARE

As coisas boas duram o tempo
necessário para se tornarem
inesquecíveis.
CHARLES CHAPLIN

QUANDO TUDO COMEÇOU

Ao chegarmos em casa, naquela noite de 1993, vindos de São Paulo após dois dias estafantes, percebi que Jorge não estava bem. Ele viajara calado, mas seu mutismo podia, muito bem, ser atribuído ao pavor às viagens de avião.

A estada na capital paulista fora curta, porém cansativa. Jorge assinara centenas de livros numa tarde de autógrafos, a que se seguiu um jantar em sua homenagem, quando estivera com amigos que havia muito não via, encontros de grande emoção.

À nossa chegada à Bahia, não havia ninguém em casa, apenas o papagaio, que, como de costume, desandou a falar ao ver o dono. Contrariando seus hábitos, Jorge não lhe estendeu o dedo, foi direto para o quarto. Encontrei-o, minutos depois, estirado na cama, gemendo.

Felizmente, em momentos de maior angústia, de maior aflição, eu não me entrego, vou em frente. Corri para o telefone, chamei o dr. Jadelson Andrade, amigo nosso, cardiologista competente, que veio, em seguida, e diagnosticou um enfarte.

Transportado para o Hospital Aliança, a dois passos de nossa casa, Jorge passou vários dias internado antes de receber alta. Voltou para casa com mil recomendações, uma das quais, a principal, a de não viajar tão cedo.

Tempos depois, quando tudo parecia ter voltado ao normal, Jorge recebeu um convite da Inglaterra; chamavam-no para um encontro com leitores e estudantes de uma universidade em Londres, onde ele deveria ler, em português, trechos de um dos seus livros, após a leitura em inglês.

Não adiantaram os conselhos para que não fizesse a viagem. Decidiu aceitar o convite. Jorge dizia sentir-se bem, o coração não o incomodara mais. A vista andava atrapalhada, só lhe permitindo ler com a ajuda de uma lupa. Achando tratar-se de vista cansada, coisa passageira, ele não se queixava. Ainda assim, consultou um oftalmologista em Salvador, que disse nada ter encontrado de anormal nos seus olhos, e só fez aumentar o grau das lentes dos óculos.

Partimos, Paloma conosco. Aproveitaríamos a ocasião para, de Londres, dar um saltinho à França, onde nos encontraríamos com João Jorge.

LONDRES

Num auditório lotado, realizava-se a cerimônia das leituras. Haviam-nos explicado que era um hábito muito apreciado pelos alunos de literatura ouvir a voz do autor lendo, na própria língua, trechos de seus romances.

O professor inglês acabara de ler, se não me falha a memória, um capítulo de *Capitães da Areia*. Agora chegava a tão esperada vez de o ilustre visitante fazer a sua parte.

Abrindo o livro na página marcada, Jorge colocou os óculos de leitura e aproximou o livro dos olhos.

Paloma apertou meu braço e, angustiada, à meia-voz disse:

"Ele não está conseguindo ler, mãe". Agoniada também, eu já notara o que se passava.

Fechando o livro, com o maior desembaraço, Jorge colocou-o na mesa, pousou a mão em cima e discorreu, num improviso brilhante, sobre o que havia sido lido, falando dos personagens, encantando a todos. Nem sei se alguém notou o que estava ocorrendo, sei apenas que Paloma e eu o ouvimos de coração apertado.

PARIS

A ida a Paris tinha um motivo urgente. Nossa dermatologista, a dra. Tânia Couto, havia detectado um câncer de pele, que já estava profundo, no rosto de Jorge. Sugeriu que ele procurasse um cirurgião plástico, dada a extensão do tumor. Jorge procurou em seguida seu amigo Ivo Pitanguy, e, como ambos estavam de partida para Paris, combinaram fazer a intervenção lá. O famoso cirurgião iria à França para inaugurar uma clínica de cirurgia plástica, em Paris, cujo dono era ex-aluno seu. Feliz com a presença do mestre, o médico lhe abria as portas de sua clínica para operar o famoso escritor.

A operação foi um sucesso. Os médicos que a assistiram aplaudiram de pé a aula do mestre brasileiro. Aplausos merecidos, a cirurgia perfeita não deixou cicatriz.

O problema da vista, que passara para um segundo plano, voltava à baila. Recomendado pelo embaixador do Brasil na França, nosso amigo Carlos Alberto Leite Barbosa, Jorge conseguiu marcar, no mesmo dia, uma consulta com um famoso oftalmologista, dr. Coscas, uma sumidade. Sem essa recomendação, ele não teria sido atendido imediatamente, pois horário vago havia somente para dali a três meses.

O mestre ouviu-o e, numa rápida espiada nos seus olhos diagnosticou: degenerescência senil da mácula da retina.

A clínica de dr. Coscas ficava longe, fora da cidade, lugar de difícil acesso para quem não possuísse automóvel, como era o nosso caso. Resolvemos o problema contratando os serviços de madame Christine Moulian, chofer de táxi que nos atendia sempre que preciso. Cobrava caro, porém era eficiente. Com seu carro bem cuidado, essa mãe de família ganhava a vida. Simpática, forte, desembaraçada, era madame Christine quem estava sempre a postos à nossa espera no aeroporto ao chegarmos a Paris. Era ela também quem nos embarcava, carregando malas pesadas, com a maior desenvoltura. Agora, Jorge a contratara para nos levar uma vez por semana à clínica de dr. Coscas, onde eram feitos a revisão e o tratamento.

Nossa estada em Paris prolongou-se mais, muito mais do que programáramos. Os toques de laser, que lhe eram aplicados, serviam para — segundo entendi — cauterizar os minúsculos vasos sanguíneos rompidos junto à retina.

Logo na primeira consulta, o médico não perdeu tempo. Depois da rápida espiada nos olhos do paciente, pôs-se de pé e disse: "O caso é urgente. O senhor me acompanhe, por favor, a senhora também pode vir".

No gabinete escuro, havia apenas a claridade de forte lâmpada iluminando o rosto e, sobretudo, os olhos de Jorge. De meu canto, eu assistia ao desembaraço das mãos do mestre e a emoção em seu rosto ao manejar os instrumentos. Finalmente, disse: "Por hoje basta, estou satisfeito. Consegui dar dezenove toques". No meu fraco entender, cheguei à conclusão de que ele havia posto fora de combate dezenove vasos rompidos, dezenove inimigos.

A visão de Jorge melhorava bem. "Vai melhorar muito mais, vai conseguir em breve ler um romance que minha mulher acaba de escrever", disse um dia o médico, rindo.

Ficamos sabendo, então, que a esposa do dr. Coscas era romancista e grande admiradora de Jorge. Numa de nossas visitas, ela apareceu levando o livro que acabara de escrever. "Leia-o sem a ajuda da lupa, apenas com os óculos", recomendou o médico. "Esse é o teste que desejo fazer antes de liberar sua volta ao Brasil."

Jamais vi Jorge ler um livro com tamanha satisfação. Leu e depois o analisou com a autora. Aprovado com distinção.

UM DOUTORAMENTO NA ITÁLIA

Devíamos regressar ao Brasil, mil problemas a serem resolvidos nos aguardavam em casa, mas o tratamento não podia ser interrompido. Dr. Coscas nos tranquilizou: "O senhor pode voltar e continuar a supervisão lá". Indicou um colega no Brasil, em Goiânia, dr. Marcos Ávila, profissional competente, que poderia acompanhar o caso. Disse-nos também que tínhamos tempo até uma nova consulta, o que fez Jorge estender a permanência na Europa um pouco mais.

Já havia alguns anos, o título de doutor *honoris causa* pela Universidade de Pádua, na Itália, lhe tinha sido outorgado, mas as doenças impediam-no de ir recebê-lo. Agora chegara a hora: coração batendo direitinho, olhos e rosto operados. Com João Jorge, fomos por três dias à belíssima cidade onde está a cátedra de Galileu. Emocionados, vimos, na universidade, o púlpito de onde o grande mestre dera suas aulas.

As emoções foram muitas, o mundo acadêmico e os leitores aplaudindo o escritor, além das duas viagens de avião em menos de uma semana, nem sei como Jorge aguentou.

Ao chegar a Paris de volta, na mesma noite, Jorge começou a passar mal. Fora acometido de um edema pulmonar, e teve que ser internado por dez dias no hospital Broussais, em Paris. Jadelson foi ao nosso encontro para acompanhar seu amigo e paciente na viagem de volta.

GOIÂNIA

A preocupação com a falta de visão não passara, o mal era incurável. Apenas a vigilância e o tratamento contínuo poderiam protelar o avanço da doença. Sempre que preciso, o laser deveria ser aplicado. Ao regressarmos à Bahia, passamos a viajar para Goiânia periodicamente. A assistência do dr. Marcos era perfeita, mas as viagens aéreas, encompridadas ainda mais pelas escalas em Brasília, matavam Jorge de nervosismo (ele dizia ser medo mesmo), castigavam seu coração, o massacravam.

No correr dos anos, Jorge voltou a ser internado com problemas cardíacos, suas viagens a Goiânia diminuíram, diminuiu também sua visão. Só não diminuiu sua coragem, sua vontade de escrever a história que estava amadurecida em sua cabeça, já escrita uma vez em forma de conto. Sem a ajuda da lupa, já não conseguia ler nem escrever. Eu acompanhava de perto o seu desgosto, a sua revolta, a injustiça de estar privado das coisas que mais amava, primordiais para a sua existência.

Batalhador como ele só, o escritor não ia desistir de trabalhar na história que tanto o divertira inventar. Munido de óculos especiais, encomendados nos Estados Unidos pelo dr. Marcos, decidiu ir à máquina. Deu-se conta, em seguida, de que só esta novidade não era suficiente, precisava de toda a sua força de vontade. Debruçado sobre o teclado da máquina de escrever, foi trabalhando, trabalhando lentamente, mas com entusiasmo. Foi dando forma de livro ao conto que escrevera em 1979. Assim ele publicou, em 1997, *O milagre dos pássaros*, seu último livro.

NOVO DOUTORAMENTO, NOVA DOENÇA

Um ano depois, em 1998, ainda sob pressão para que não viajasse, Jorge decidiu aceitar o convite que lhe era feito pela Universidade de Paris, Sorbonne Nouvelle, para receber o título de doutor *honoris causa* que lhe seria outorgado. Não houve quem o demovesse da ideia: Jorge bateu o pé e fomos.

Viajamos para a França, onde, além do título recebido em imponente e emocionante cerimônia, ele participou da Feira do Livro de Paris, naquele ano dedicada ao Brasil. Recebeu homenagens de não acabar e participou de vários encontros com seus leitores.

Ao chegarmos a nosso apartamento no Marais, no dia da cerimônia da Sorbonne, Paloma recebeu um telefonema, do Brasil, de um jornalista baiano querendo confirmar o boato de que Jorge havia morrido.

— Quem foi que inventou uma coisa dessas? Meu pai está aqui e bem vivo!

— É o que estão dizendo — insistia o rapaz, parecendo não acreditar na negativa de Paloma.

A seu lado, ouvindo aquela conversa de "morreu, não morreu", Jorge perdeu a paciência, pegou o telefone e disse rindo:

— Eu não morri, não, meu filho, estou bem vivo, e comendo melão!

Com a volta para o Brasil dos escritores e amigos que tinham ido à Feira do Livro e à cerimônia de doutoramento, ficamos em Paris mais uns dias, Jorge, Paloma e eu.

Depois de tanta agitação, veio a depressão, Jorge voltou ao

mutismo e começou a passar mal. Em contato telefônico com Jadelson, ele achou conveniente seu retorno imediato ao Brasil.

Pela primeira vez na vida vi Jorge de cadeira de rodas, a única forma de vencer as distâncias no aeroporto Charles de Gaulle. A viagem foi difícil, mas, ao chegar à Bahia e ver uma cadeira de rodas a sua espera, Jorge se recusou terminantemente a usá-la: "Quero chegar andando com meus pés".

O coração de Jorge voltava a reclamar. Novas internações, novas intervenções. Cada vez mais frágil, cada vez mais sensível ao tratamento da vista, seu coração protestava a cada viagem, a cada toque de laser. Dando prioridade à vida, Jorge deixou de ir a Goiânia.

Uma tristeza infinita, cada vez maior, levava-o ao mutismo. Ao vê-lo nesse estado, sentia-me impotente, sem saber como distraí-lo, sacudi-lo, trazê-lo novamente à alegria de viver.

A FRASE DE SHAKESPEARE

Estava eu na maior angústia, diante de problema tão grave, constatando que nem a ciência nem ninguém conseguia dar jeito na saúde de meu querido, quando uma frase de Shakespeare caiu sob meus olhos: "Há mais mistérios entre o céu e a terra do que sonha a nossa vã filosofia".

ENTRE O CÉU E A TERRA

Desde criança me ensinaram a não acreditar no sobrenatural. Foram muitas as lições que recebi, mas será que adiantaram alguma coisa? Será que aprendi? Tenho minhas dúvidas. Surpreendo-me às vezes buscando, tentando desvendar, por conta própria, mistérios divinos que, talvez sim, talvez não, existam entre o céu e a terra.

Modelo de bondade e correção, meu pai fazia o bem sem esperar recompensa. "Se há um Deus que, segundo dizem, tudo sabe, tudo vê e tudo pode, esse Deus não há de gostar de gente interesseira que vive rezando e fazendo promessas à espera de recompensas." Dava um exemplo: "Eu faço isso se você me der aquilo, coisa mais feia", dizia. Até mamãe, que veio de família católica praticante, acabou acompanhando o marido nas suas ideias, rezando pela mesma cartilha.

Vovô Eugênio, depois da morte de vovó Josefina, passara a viver em nossa casa. Tranquilo, bom, inteligente, observador, ele chegara à conclusão de que católicos e anarquistas eram parecidos, embora completamente diferentes. "Parecidos", explicava, "porque ambos trazem bondade no coração. Ambos querem o bem da humanidade, mas usam métodos diferentes para conseguir o que desejam: os anarquistas vão à luta e os católicos se pegam com Deus, rezando, fazendo promessas. São iguais, apenas a maneira de agir é diferente."

Ai que saudades de *nonno* Gênio! Volto a rir ao recordar-me de suas blasfêmias camufladas — camufladas para não ofender a Deus — ao se alterar diante de minhas diabruras de criança. Lembro que me encantava a sua caixinha de rapé, de osso. Ainda mais a valorizara ao saber por minhas irmãs que o nome verdadeiro da tabaqueira era boceta, palavra proibida lá em casa, que elas repetiam à meia-voz para que mamãe não ouvisse. "Até no dicionário está escrito pra quem quiser tirar a limpo", diziam as duas malandras.

Muitas vezes eu aproveitava o soninho de vovô, largado na cadeira de balanço, depois do almoço, para, sorrateiramente, apanhar a caixinha de cima da mesa, abri-la, levar uma pitada do tabaco às narinas e sair pela casa, espirrando.

Sono leve, vovô despertou, certa vez, com o barulho da tabaqueira que escapulira de minha mão e fora abrir-se ao chão, espalhando o rapé por toda parte. "*Sacranon de la medaglia! Orpo de bio!*", esbravejava — em sua língua, o vêneto — vovô na sua blasfêmia camuflada, desabafando sua ira contra o "sagrado nome da medalha" e contra o "corpo de Deus". Vovô era esperto: trocava a palavra "corpo" por "orpo" e, assim, não estaria pecando. Minhas irmãs riam às gargalhadas: "Foi pegar a boceta do *nonno*...".

Naqueles tempos de menina, quando não havia rádio nem televisão, o divertimento das crianças era ouvir histórias e decorar poesias para declamá-las em saraus familiares ou em festas maiores.

Fazia parte de nossa educação — dos filhos de dona Angelina e de seu Ernesto — ouvir óperas italianas interpretadas por Enrico Caruso, da coleção de discos de papai, tocados num gramofone de tromba e manivela; assistir a conferências, políticas e culturais, e participar de festas proletárias comemorativas, como a do Primeiro de Maio.

Lá se vão mais de oitenta anos e eu ainda me lembro, como se fosse hoje, do verso que mamãe me fez decorar, segundo ela, ótimo para ensinar o bom caminho e tirar bobagens da cabeça das crianças. Eu o declamava em saraus familiares e também nos palcos do salão das Classes Laboriosas. Sucesso garantido, eu era sempre muito aplaudida, pois nossos amigos e frequentadores das reuniões pensavam da mesma forma que papai. O verso, um diálogo entre mãe e filho, era declamado com ênfase e largos gestos pela caçula de dona Angelina, que se babava toda ao ouvir sua menina caprichando ao imitar as vozes da mãe e do filho:

— *Ó mãe! Quando todos dormem,*
em sono profundo,

é mesmo que almas do outro mundo
aos meninos aparecem?
— Não creias nisso, meu filho,
fantasmas são invenções
para dar medo aos poltrões.
Não houve ninguém que as visse.
Não há gigantes nem fadas,
nem gênios perseguidores,
nem monstros aterradores,
nem princesas encantadas.
Aqueles que já morreram
não voltam à terra mais
pois vão descansar em paz
do que na vida sofreram.
Dorme com tranquilidade.
Nada receia, meu filho,
quem não se afasta do trilho
da justiça e da verdade.

Nunca soube o nome do autor desses versos que guardei na mente e no coração. Possivelmente, eles me ajudaram a não temer fantasmas e a procurar, sempre que possível, não me afastar do "trilho da justiça e da verdade".

REMINISCÊNCIAS

Costumo contar, e não me canso de repetir, que ao conhecer Jorge Amado pessoalmente, em 1945, eu tudo sabia dele. Lera e adorara os dez livros que ele escrevera até então; entusiasmavam-me suas ideias políticas, sabia de seus exílios. Só não sabia que ele era tataraneto de uma índia pataxó.

Certa noite, numa reunião de amigos no apartamento que ele alugara e onde vivia em São Paulo, na praça Júlio de Mesquita, ao lado da São João, o tema da conversa, muito ao gosto do dono da casa, girava em torno de miscigenação. Entre outros amigos, lá estavam Dorival Caymmi — na ocasião seu hóspede —, Di Cavalcanti, Clóvis Graciano, Paulo Mendes de Almeida com Aparecida.

— Por exemplo — dizia Jorge —, a começar por mim, nenhum de nós aqui é branco puro, todos nós temos mistura de raças. O sangue branco que eu trago vem do português que caçou na mata minha tataravó, uma índia pataxó. O sangue negro é do avô de meu pai, um negro africano.

Todo mundo caiu na risada ao ouvir a revelação de Jorge sobre a existência de uma tataravó índia e de um bisavô africano.

Para dizer a verdade, por mais apaixonada que eu estivesse por ele, não consegui acreditar nessa declaração. Achei que era uma invenção criada na hora para causar impacto. Nunca ouvira falar que Jorge tivesse sangue indígena e para mim ele era tão branco quanto eu. Entrei na conversa:

— Pois eu — respondi — só tenho sangue branco. Meus pais são italianos puros.

Jorge soltou uma gargalhada:

— Pois é o que você pensa! E Otelo? Você não sabia que é descendente de Otelo?

Esse Jorge inventava cada uma!

— Eu tenho parentesco com Otelo assim como você é tataraneto de uma índia pataxó — respondi, na maior gozação.

— Você não acredita que eu tenha sangue índio? Pois vai acreditar um dia quando conhecer minha mãe. Ela não tem apenas traços indígenas como também cabelos lisos, escorridos como os dos índios. Quanto a você, de seu parentesco com o negro Otelo, nunca vai se livrar...

CANTADA EM POEMA

Um clima de encanto existia entre Jorge e eu desde o primeiro encontro, porém nenhuma manifestação concreta ainda acontecera. Ele apenas declarava seu amor através de crônicas diárias, na coluna "Conversa Matutina" que escrevia para um jornal de São Paulo. "Leu a de hoje?", perguntava-me, encabulado, como se um adolescente fosse. Afirmando com a cabeça que sim, também voltava à adolescência, e ficava nisso.

Uma dessas crônicas, verdadeiro poema de amor, quase me mata:

Eu te darei um pente
para te pentear
Colar para teus ombros enfeitar
Rede para te embalar
O céu e o mar eu vou te dar...

O PRIMEIRO BEIJO

Foi naquela noite, a da reunião de amigos no apartamento de Jorge, com a revelação do sangue pataxó correndo em suas veias, que aconteceu nosso primeiro beijo.

Em certo momento, ele me pediu que o ajudasse a servir os convidados. Fui à cozinha buscar uns copos. Estava eu acabando de ajeitar os copos na bandeja, quando Jorge apareceu. "Vim buscar os vinhos", disse. Ambos de mãos ocupadas, voltávamos à sala, Jorge com uma garrafa em cada mão, eu segurando a bandeja, equilibrando os copos. Ao passarmos por uma porta, juntos um ao outro, paramos, de repente, sem saber por quê, e nos fitamos. Nem a barreira de copos entre nós dois impediu que nossas bocas se aproximassem. Sem braços para abraçar, sem mãos para acariciar nem voz para sussurrar, apenas os lábios livres, sequiosos, se uniram num beijo delicado e ardente, de labareda e brasa.

Um contido tesão rolando entre nós dois desde o início, escravizado, reprimido a duras penas, rompeu as amarras, conquistou a alforria. Nessa noite não voltei para minha casa. Nem nessa noite, nem nunca mais. Ao lado de Jorge ficaria para sempre, até o fim de minha vida.

MUDANÇA PARA O RIO DE JANEIRO

Estávamos de viagem marcada para o Rio de Janeiro. Jorge acabara de ser eleito deputado federal pelo estado de São Paulo e o parlamento funcionava no Rio. Devíamos partir bem antes de sua posse, para assistir à formatura de Joelson, seu irmão, que vinha de terminar o curso de medicina.

Ao desembarcarmos no Aeroporto Santos Dumont, avistamos, ao longe, um grupo de amigos à nossa espera. Jorge procurava localizar os pais em meio àquela gente.

— Lá está meu pai ao lado de Joelson, mas não vejo minha mãe — disse ele, prosseguindo na busca.

Jorge havia me garantido que a mãe tinha os cabelos lisos, escorridos como os dos índios, e, realmente, não havia ali nenhuma mulher com tal característica. Mesmo assim, arrisquei:

— Não será aquela, de cabelos encaracolados ao lado de teu pai?

— Minha mãe, coisa nenhuma! Você não vê que essa tem cabelos crespos?

Fomos nos aproximando e a senhora ao lado de seu João deu uns passos à frente, vinha abraçar Jorge. Eu não me enganara, era a própria dona Eulália, a famosa Lalu, que ria feliz ao beijar o filho.

— O que aconteceu com os seus cabelos, minha mãe? — perguntou-lhe Jorge, sem acreditar no que via.

— Fiz permanente, meu filho. Preciso estar decente na festa de formatura de Joquinha. Ficou uma pinoia.

— Você está sempre bem — respondeu-lhe o filho, sorrindo e acariciando o rosto da mãe.

Virando-se para mim, fez a devida apresentação:

— Esta é Zélia, minha mãe, minha namorada. Se ela se comportar direitinho comigo, cuidar bem de mim, eu me caso com ela — sorriu o maroto.

Séria, dona Eulália mediu-me dos pés à cabeça. Mesmo de cabelos crespos, ela assumia a anunciada cara de índia. Já nem seria preciso tirar a limpo a afirmação do filho sobre sua ascendência indígena. Não seria preciso, mas mesmo assim fiquei sabendo da história com detalhes, contada por Lalu, ao estarmos a sós, um dia.

"Ela era uma indiazinha de onze pra doze anos", foi falando a bisneta, o olhar distante, "ao ser caçada no mato, a dente de cachorro. O caçador, um português, gostou da menina, levou ela pra casa dele e encheu ela de filhos, um deles meu avô." Creio que nem Jorge nem Lalu sabiam o nome da indiazinha pataxó, pois nunca o mencionaram.

O que dona Eulália não me contou foi que a pequena índia, casada ou juntada com o português que conquistara terras de não acabar, rico fazendeiro de cacau, se tornara uma temida senhora de escravos. Ela tampouco me contou que essa poderosa mulher castigava os negros sem dó nem piedade. Mandava amarrá-los ao tronco e açoitá-los, sobretudo quando se tratava de escrava jovem e bonita. O português, que a caçara — "a dente de cachorro" —, apesar da idade avançada, não perdera o prazer ou vício de, vez ou outra, derrubar no mato uma escravazinha de seu agrado.

Movida pelo ciúme ou talvez, quem sabe, por pura ruindade, a poderosa índia mandara um dia amarrar ao tronco e surrar uma jovem escrava. A negra não esqueceu o castigo e, na primeira oportunidade, vibrou com gosto a mão do pilão na cabeça da malvada, matando-a e atirando-a em seguida escada abaixo. Essa história me foi revelada, recentemente, por uma pessoa da família de Lalu, ela também descendente da índia. Nem Lalu, nem Jorge nunca mencionaram o fato e, estou certa, o ignoravam. Jamais souberam do triste fim daquela que lhes emprestara um pouco do sangue que corria em suas veias.

NOVAS ESTROFES DE AMOR

Três anos mais tarde, em Paris, Jorge fez novas estrofes para o poema que me dedicara em 1945 na sua coluna "Conversa Matutina". O maestro Cláudio Santoro a musicou e orquestrou.

Jorge aguardava minha chegada à Europa, onde eu iria ao seu encontro, no exílio. Ele partira do Brasil no mês de janeiro e eu não pudera acompanhá-lo. Nosso filho, João Jorge, nascera em fins de novembro, e eu não tivera condições de aventurar-me, saindo por esse mundo de Deus, sem pouso certo, para uma Europa meio destruída pela guerra, com uma criança recém-nascida nos braços. Fiquei com o coronel João Amado e Lalu, no apartamento deles, em Copacabana, aguardando que Jorge decidisse onde morar, acertasse sua vida e me chamasse. Creio terem sido esses os meses mais tristes de minha vida.

Finalmente, depois de ver frustrada sua ideia de viver na Itália, Jorge decidira morar em Paris, onde acabara de sair a tradução de *Seara vermelha* por uma editora francesa.

Os amigos da convivência de Jorge em Paris eram: Carlos Scliar, Arnaldo Estrela, Mariuccia Jacovino, com suas duas meninas, Maria Helena Vieira da Silva, Alberto Castiel, Paulo Rodrigues, Israel Pedrosa com Jamile. Nessa ocasião, Jorge conheceu o maestro Cláudio Santoro, que lá vivia com a família.

Foi Cláudio, como já disse, quem musicou o poema que Jorge me dedicara, agora com uma alteração, o acréscimo de outros versos:

Outra coisa já não sei fazer
Onde quer que te encontres, ai
Meu distante pensamento
Terno carinho meu
Hei de sempre te amar.

Venha, que a noite é longa
Triste da tua ausência
Meu infinito amor...

Com essa canção Jorge me surpreendeu no mês de maio, ao chegarmos a Paris, saídos da Itália, onde ele fora me esperar.

VACINA DE BABA DE SAPO

Até aquele dia em que minha neta Mary Jones e seu marido Nando chegaram com a novidade, eu nunca tinha ouvido falar em sapo kampu.

Na maior animação, Maria João, ou Mary Jones (apelido que lhe deu o avô Jorge num momento de inspiração), foi contando:

— Está chegando à Bahia, vó, um índio do Amazonas ou

do Acre, não sei bem, trazendo vacinas de baba de sapo. Parece que são formidáveis, curam qualquer doença.

Lembrei de repente que Jorge era descendente de índios e me animei.

— É pataxó?

— Não é, não, vó, os pataxós são do sul da Bahia, lá de Cabrália, Porto Seguro, por lá — respondeu-me a entendida. Quis mais detalhes sobre as tais vacinas de baba de sapo. Diante de minha curiosidade, Nando apressou-se a explicar:

— Foi mestre Jair quem nos deu a dica. Ele já tomou uma dose e vai tomar a segunda.

Frequentadores da chácara onde funciona a União do Vegetal, nos arredores da cidade, Mary Jones e Nando se tocam para lá sempre que podem, em busca de sossego. Nesse recanto aprazível, eles tomam um chá do cipó mariri e folhas de chacrona, segundo os dois, santo remédio para recuperar as forças perdidas numa semana de pesado trabalho. Nessa chácara passam eles horas esquecidas ouvindo mestre Jair e mestre Pequenina, sua velha mãe, contar histórias da floresta e dos índios — como eles — do Amazonas.

É mestre Jair quem comanda a União do Vegetal. Além de grande conhecedor dos mistérios da mata virgem, de sua fauna e de seus índios, é um pintor de mão-cheia. Seus quadros, de uma delicada e forte pintura primitiva, já correram o Brasil e o mundo em exposições de sucesso.

Agora os jovens vinham com a novidade da vacina de baba de sapo, história que me impressionou e interessou bastante.

Curiosa como eu só, em assuntos de tratamentos e curas por meios extraoficiais e sobrenaturais, quis saber detalhes sobre a tal pajelança vinda da floresta selvagem, trazida por um índio.

— Segundo o mestre, vó, esse sapo existe em várias partes

do Amazonas e também do Acre, só que, em cada lugar, ele tem um nome diferente como, por exemplo: kambô, no Acre, kempo e kampu no Amazonas.

Com nomes tão fortes, eu imaginei tratar-se de sapões pardos com o poder de verter pela boca golfadas da milagrosa baba que tudo cura, mesmo que a doença não tenha dado ainda o ar de sua graça.

Nessa ocasião, eu andava em busca de algo que pudesse realizar o milagre de recuperar a saúde de Jorge. Recorrêramos a tudo: os médicos o submetiam a exames os mais sofisticados, sem resultados positivos. Até a um cientista português, que vivia nos Estados Unidos, recorremos. Dr. Damásio aparecera num programa de televisão e seus pacientes, curados por ele, indicavam ter tido o mesmo problema que Jorge. Depois de vários dias de angústia à espera de notícias do médico, a quem fora enviado um relatório completo, veio a resposta. Infelizmente, o problema do escritor não era de sua alçada. Nada poderia fazer.

Agora, diante da novidade anunciada pelos netos, me animei. Isso não quer dizer que minha intenção era a de sujeitar Jorge a essa experiência, de fazê-lo bancar cobaia da tal vacina. Deus me livre e guarde! Nada disso! Longe de mim tal pensamento! Eu seria apenas a "provadora do rei". Tomaria a vacina, quantas fossem necessárias, e, conforme o resultado, se eu continuasse viva, saltitante e bela, consultaria o dr. Jadelson Andrade, médico-assistente dele, estando eu ali como exemplo da eficiência da pajelança preventiva.

Para justificar minha coragem — ou irresponsabilidade? —, repeti a frase, atribuída a Shakespeare, que me absolvia: "Há mais mistérios entre o céu e a terra do que sonha a nossa vã filosofia".

Ao saber que o sapo kampu não era enorme nem pardo, e

sim pequeno e verdinho, e que sua baba milagrosa não provinha da boca, mas de uma secreção gerada nas costas do bichinho, meu interesse aumentou. Nando era o mais informado:

— Pelo que se sabe, dona Zélia, essa espécie de sapo se alimenta sobretudo de formigas, mas não é de qualquer formiga que ele gosta, não. Dizem que as preferidas dele são as tucandeiras, loiras e graúdas. Essas formigas, segundo consta, talvez com medo da gula dos sapinhos, sobem em árvores bem altas e vão morrer lá em cima, no entroncamento de seus galhos. Dizem ainda — explicou Nando — que é em meio a essas formigas mortas que germina e cresce o cipó "titica", único cipó que nasce de cima para baixo.

Nada entendia eu de cipós, mas diante da ênfase dada por Nando ao revelar que o titica nascia de cima para baixo, mostrei admiração, não ia passar por ignorante:

— Que coisa, hem! De cima para baixo?

— É isso mesmo, dona Zélia, de cima para baixo e não de baixo para cima, o normal, como a senhora sabe.

Mary Jones também tinha o que dizer sobre o raro cipó:

— O "titica", minha avó, tem qualidades antibióticas, talvez por ter sido gerado dos cadáveres de tucandeiras. Ele é cortado em pedaços pelos índios, que o utilizam como instrumento perfeito na aplicação da vacina, a pontinha fina servindo como agulha. Nunca houve, que se saiba, casos de infecção.

Nem os mistérios do cipó "titica", nascendo de cima para baixo, de sua ação antibiótica e de sua utilidade na aplicação da vacina afastavam de meu pensamento o sapinho verde e as tais formigas loiras que ele papava com prazer.

— Sapinho caprichoso — monologuei —, preferir formigas loiras! Vocês não estão inventando essa história, não? Eu nunca vi em minha vida formiga loira, nem sabia que existia.

— Eu também nunca vi e me admirei — disse Mary

Jones —, mas o mestre explicou que a cor loira delas dá assim para o avermelhado.

Nando, mais impressionado com o "titica" do que com as formigas loiras, voltava ao seu assunto preferido:

— Aí, então, a pontinha do cipó é queimada na chama...

— Que pontinha, Fernando? — interrompi-o. — Por favor, cipó tem pontinha?

Nando riu meio sem jeito:

— Me desculpe, não expliquei direito. A pontinha no cipó é feita pelo índio com um canivete. Na hora de aplicar a vacina, ela é queimada na chama. A brasinha, então, é encostada na panturrilha ou no braço do freguês, três, cinco ou sete vezes — só pode ser número ímpar —, de acordo com a necessidade. Sobre essas queimadurazinhas então é passada a tal baba do sapo. Tudo muito simples.

Diante de tanta simplicidade, resolvi, definitivamente, embarcar na aventura.

O encontro com o portador das vacinas ficou marcado. Seria daí a uma semana, na própria residência de mestre Jair, onde ele vive com a família, numa casa de condomínio no centro de um terreno.

Logo pela manhã, com meus netos e mais um casal, pessoas que eu não conhecia, aguardamos a chegada do "doutor".

Enquanto esperávamos, fiquei sabendo um bocado de coisas por meus companheiros. A vacina que tomaríamos naquela manhã seria a segunda dose deles. A senhora, cujo nome esqueci, era entusiasta do tratamento. O marido mantivera-se calado, apenas acenava com a cabeça, concordando com o que ela dizia. "A primeira dose", explicava ela, "serve para desintoxicar o organismo, botando pra fora tudo o que a gente tem de ruim e às vezes nem sabe. Pois olhe, alguns dias depois da aplicação, comecei a sentir o resultado, passei a dormir bem, um sono tranquilo. Até a enxaqueca que vinha me atormentando, havia anos, desapareceu completamente. Já se passaram três meses e continuamos bem."

Se eu encontrasse Edilário na rua, não o tomaria por um índio. Embora com traços acentuados de indígena, ele passaria por qualquer homem da cidade, de calça jeans e camiseta de malha.

Discreto e de pouca conversa, Edilário foi retirando da sacola que trazia seu material de trabalho. Desse homem consegui arrancar — e satisfazer apenas uma curiosidade — um detalhe que meus netos não tinham sabido explicar.

— A senhora quer saber como retiramos a baba das costas do sapo? Fácil. Basta raspar um pouquinho que ela vai minando.

— E de um sapo tão pequeno podem extrair tanta secreção? — continuei insistindo, curiosa.

— Isso mesmo. Um pouquinho de cada um — sorriu o índio enquanto preparava o material numa bandeja. — Tem homens lá na floresta que chegam a esfregar as costas do sapo no lugar que está doendo. Pra dor de cabeça não tem remédio melhor.

Certamente por ver minha cara horrorizada, ele sorriu:

— Não se trata bem de um sapo, ele não é um sapo comum — disse —, mais parece uma rãzinha linda, nem saltar ele salta, só anda como se desse delicadas braçadas.

Curiosa por conhecer outros detalhes do kampu, descobri, dias depois, numa enciclopédia, seu nome científico: *Phyllomedusa bicolor*.

Ao saber da beleza e da delicadeza dos kampus, ocorreu-me uma ideia, e no calor do entusiasmo perguntei:

— Não seria possível o senhor conseguir para mim um ou dois casais deles? Eu os criaria em meu jardim, como animais de estimação. Meu marido adora sapos e eu adoraria dar-lhe essa alegria. O senhor podia até me conseguir, para o alimento deles, um punhado de formigas tucandeiras, que iriam se reproduzindo. Eu preveniria Zuca que não as matasse. O senhor sabe? Zuca mata cupins e formigas em nosso jardim há mais de trinta anos. Essas formigas loiras, diferentes das moreninhas baianas, seriam com facilidade distinguidas e nosso Zuca as pouparia, certamente. Árvores altas é o que não falta em nosso pomar, árvores boas para elas subirem e, cansadas, tombarem mortas, lá em cima, num entroncamento de seus galhos. Até o cipó "titica" poderia brotar no alto de um sapotizeiro, de uma mangueira ou de uma jaqueira lá de casa.

— Impossível — retrucou o índio, lacônico, encerrando o assunto.

Na noite que antecedera a manhã da experiência, eu dormira mal e, quando a gente passa horas a fio sem conseguir conciliar o sono, acordada na escuridão da noite até o clarear da madrugada, mil pensamentos, os mais estapafúrdios, nos ocorrem. Dessa vez cheguei até a pensar: e se eu for alérgica ao veneno do sapo? Veneno? Que veneno? Quem falou em veneno?... Já estava eu inventando coisas! E se não fosse propriamente um veneno, mas me fizesse inchar até ficar com cara de sapo?

Pela manhã, instintivamente, coloquei um espelho em minha bolsa, certamente para controlar a deformação se produzindo. Acabei achando graça de minha maluquice, mas o espelho continuou na bolsa.

Antes de aplicar as vacinas, Edilário quis certificar-se de que todos estavam em jejum porque, explicou ele, "tudo deve ser feito muito certinho para dar bom resultado. Essa vacina é na prática talvez a mais alta descoberta da medicina tradicional ainda viva. Além de saúde ela dá sorte, felicidade e ajuda no amor...", fez uma pausa, "também ajuda muito na caça".

Quanto ao amor, eu não tinha do que me queixar, estava bem servida e era feliz. Quanto à caça, ora! Que tinha eu a ver com caçadas? Jamais cacei em minha vida. Deus me livre, matar animais! Era atrás de saúde que eu andava e não esperava conquistar "sorte nem felicidade" com uma vacina de baba de sapo. Não, isso não entrava em minha cabeça nem em minhas cogitações. Não podia acreditar em tantos poderes transmitidos por uma simples pereca.

Mestre Jair foi o primeiro a ser atendido. A aplicação era feita na cozinha, junto às chamas dos bicos de um fogão a gás. Eu fui a segunda.

— Prefere no braço ou na perna? — perguntou-me.

— Na perna mesmo — respondi. Sabia lá se não iam ficar cicatrizes...

De pé eu assistia às manobras. Lá estava o cipó "titica" com sua ponta afiada. Agora ele a colocava sobre a chama, que, em seguida, a transformava numa pequena brasa. Foi essa brasa que ele encostou em minha perna. Senti uma dor aguda e um cheirinho de carne assada. Fiquei firme, não me movi, nem gemi, heroica. Lá vinha a segunda brasinha, depois a terceira, depois a quarta e a quinta... Todas aplicadas em sentido vertical, com um pequeno espaço entre uma e outra, formaram uma linha de pequenas chagas.

— Agora basta — disse ele.

Apanhando uma lâmina feita com o "titica" — que, a princípio, pensei tratar-se do pauzinho de um picolé —, untou-a com uma gosma gelatinosa que retirou de um frasco e, toma lá, foi passando sobre os cinco furinhos queimados. Efeito fulminante! Em seguida comecei a sentir uma ligeira náusea, uma tontura...

— Pode sair, vá sentar lá fora.

Sentada num banco em meio a arbustos do terreno, assistia à chegada de um a um dos quatro companheiros que, aflitos e pálidos, procuravam um lugar em meio à vegetação, onde pudessem botar para fora o que nem tinham comido. Felizmente, a minha náusea não foi avante. Continuei atordoada por um bom momento, até que me serviram um café forte e quentinho.

A não ser aquele pequeno mal-estar do início, tudo correu bem depois, muito bem mesmo, pois passei a dormir melhor, não tive mais insônias nem maus pensamentos, fiquei até mais otimista em relação à saúde de Jorge. Só me frustrou não ter conseguido os sapinhos nem as formigas. Perdia uma boa oportunidade de fazer um teste com Jorge, vê-lo, quem sabe, despertar do mutismo em que se enclausurara e voltar a rir diante dos kampuzinhos. Ele tornaria a rir, certamente, se pensasse na cara de Carybé, se Carybé ainda fosse vivo, ao ver em nossa casa aqueles sapinhos tão graciosos e lindos, ele que nunca conseguira ter sapos em sua casa.

A coisa que mais divertia os dois amigos era a disputa pelas vantagens mais inocentes conseguidas por um ou pelo outro. Carybé aparecia em casa trazendo goiabas: "São de meu quintal, compadre. O compadre não plantou goiabeiras? Que pena! Um dia destes vou trazer também tangerinas, me parece que o compadre não tem pés de tangerinas aqui no Rio Vermelho e as tangerinas lá de casa já estão quase maduras".

Jorge não ficava atrás, na primeira oportunidade ia à forra.

Certa noite de temporal, apareceu em nossa porta, vindo de um laguinho do jardim, um imenso sapo-cururu. Ao deparar-se com o animal que coaxava, a primeira coisa que ocorreu a Jorge foi fazer figa a Carybé e, sem perda de tempo, correu ao telefone: "Compadre, você já viu sapo-cururu? Não? Nunca viu? Pois, se quiser ver, não perca a ocasião. Tenho um aqui na sala, me visitando".

Enfrentando temporal, raios e trovões, Carybé despencou-

-se de sua casa em Brotas e não tardou a aparecer. Vontade de ver o tal cururu, ou querendo saber se o compadre não estava mentindo? Não sei. Apenas recordo que naquela noite os dois amigos, dois grandes homens, de cócoras, se divertiram à grande, coçando a barriga do sapo, que inchava, fazendo-os rir como duas crianças.

Ao ver que Jorge andava com problemas na vista e no coração, quase não rindo mais, Carybé passou a visitá-lo diariamente, tentando trazê-lo à vida, tentando fazê-lo sorrir ao menos. Foi o caso daquela manhã, ao aparecer trazendo uma enorme jaca: "Uma frutinha de meu pomar, compadre!". Dias depois, quando menos se esperava, o coração de Carybé parou de bater.

SEGUNDA DOSE

Agora eu devia aguardar pela segunda dose da vacina. Mais íntima de mestre Edilário, voltaria a pedir-lhe, a insistir, e talvez conseguisse que ele me arranjasse um casalzinho de kampus.

Passados os três meses, Mary Jones e Nando vieram me avisar que chegara a hora de tomar a segunda dose da vacina.

— Desta vez, vó, se você quiser, ele vem aqui na sua casa e nós podemos tomar a vacina com você. Mais prático.

Concordei, marquei a vinda do índio para a manhã de uma quinta-feira, daí a três dias, às nove horas. Na véspera, quarta-feira, recebi um telefonema de São Paulo, da Rádio Jovem Pan. Convidavam-me a participar do programa da manhã seguinte. Neguei a princípio, lembrando meu compromisso com Edilário, aqui em casa. O rapaz da rádio, já meu conhecido de outras vezes que participara de seus programas, insistiu: "Amanhã é dia do escritor e a senhora e seu Jorge não podem faltar a essa transmissão".

Jorge não poderia participar, de jeito nenhum, continuava apático. Eu não via jeito de escapar dessa prebenda. Fiz meus cálculos: tomo a vacina rapidamente, descanso um pouco e depois falo.

O programa iria ao ar às nove horas e quinze minutos e a vacina estava marcada para as nove em ponto. Antes do combinado, Edilário já teria chegado, me atenderia em seguida e tudo daria certo.

Nando e Jones apareceram logo cedo e só então fiquei sabendo que dessa vez Edilário seria substituído por outra pessoa. Quem sabe, pensei animada, este seja mais acessível e eu consiga os sapinhos.

Enquanto aguardávamos que o novo índio chegasse, tratei de colocar sobre a mesa da sala, onde se desenvolveria a "operação vacina", uma jarra d'água e uma garrafa térmica com café. Tomaria o café em seguida à pajelança, a fim de ter forças e lucidez para enfrentar a entrevista que, como de hábito, era levada ao ar em transmissão direta.

Nando e Mary Jones riam ao contar que um vizinho de condomínio de mestre Jair, quando da primeira vacina, a tudo assistira de sua janela e depois comentara: "Eu sabia que o senhor, mestre, não bebe, mas as suas visitas caem no porre logo cedo...".

Aflita, eu controlava o horário quando o índio chegou. Nove horas em ponto. Esse também poderia ser confundido com qualquer cidadão da cidade.

Sobre a toalha branca que eu colocara na mesa, tudo estava preparado: bandeja, algodão e o que mais? Um isqueiro, já que não tínhamos na sala a chama de um bico de gás.

— Quem vai ser o primeiro?

Olhei para o relógio, passava um pouco das nove. Adiantei-me, encostei-me na mesa, de pé, ao lado do novo mestre.

Isqueiro aceso, a pontinha do "titica" foi queimada, a primeira brasinha cumpria sua missão, depois a segunda, a terceira, a quarta e a quinta. O índio besuntava o estilete com a baba do sapo quando o telefone tocou. Eram apenas nove horas e dez minutos. Uma voz conhecida me saudava: "Bom dia, escritora Zélia Gattai! Seja bem-vinda ao nosso programa!".

Em seguida, o locutor dirigiu-se, com grande ênfase, ao "povo de São Paulo!", apresentando-me aos "caros ouvintes" com um longo discurso, elogioso, interminável. Enquanto isso, fui sentindo em minha perna, sobre as queimaduras, o friozinho da baba gelatinosa e, logo depois, o efeito fulminante.

A náusea e a tontura tomavam conta de mim, e eu, sem poder reagir, ouvia a voz do locutor, cada fez mais eufórico, não me dando a palavra, falando sem parar, cada vez mais distante, anunciando produtos, talvez esperando que desse nove e quinze em ponto para levar a minha voz ao ar. Eu já não estava aguentando. Finalmente, num tom de arauto do rei comunicando a chegada do soberano, ele me anunciou: "E agora, com vocês...".

Eu já não estava nem ali. Recordo vagamente que ainda pronunciei algumas poucas frases. O que eu falei e o que aconteceu em seguida contaram-me mais tarde. Eu dissera coisas que, em sã consciência, não diria, como: "Meu povo de São Paulo! Para finalizar esta entrevista", entrevista que ainda nem havia começado, "quero dedicar este dia a Jorge Amado, que, além de um grande escritor, é um grande homem". E nenhuma palavra mais, pois caí desmaiada.

Ângela, minha empregada, que a uma certa distância a tudo assistia calada desde o início, ao ver-me cair, pálida, pôs-se a gritar: "Dona Zélia morreu! Dona Zélia morreu! Moço, pelo amor de Deus, faça alguma coisa! Dona Zélia morreu!".

Recostado em sua poltrona, ao ouvir os berros de Ângela, Jorge abriu os olhos, deu um salto: "O que foi?". E voltou a se recostar, olhos fechados, calado.

Com esse incidente, perdi a chance de conseguir os sapinhos, mas, em compensação, fiquei ciente de que Jorge não estava inconsciente, já que reagira ao ouvir os gritos alarmistas da empregada.

O telefone ficara ali, caído, transmitindo tudo, ninguém se lembrara de desligá-lo. Minhas palavras soltas ao vento e o desmaio não foram explicados ao locutor do programa nem ao "meu povo de São Paulo". Ninguém deve ter entendido o que se passara. Só sei que essa emissora de rádio, tão simpática, nunca mais quis conversa comigo.

PROCISSÃO NO MAR DO RIO VERMELHO

De um velho pescador, ouvi, em tempos que lá se vão, a lenda de como surgiu a festa de Iemanjá, no Rio Vermelho.

"Já faz muitos anos", começou o velho,

nem me lembro quantos, começou a sumir os peixe das águas do mar. Eu, mais meus camarada, saía de madrugada por isso tudo e nada de peixe, nem pra remédio vinha uma pititinga na rede. Os balaio voltava puro. Os peixe tinha sumido.

Um dia, tava eu aperreado olhando o mar, pensando no que fazer de minha vida, quando apareceu diante de mim uma dona que eu nunca tinha visto, uma desconhecida. Aí ela me perguntou:

— Por que vosmicê está tão esmorecido?

— E não era pra estar? — respondi. — Este mar secou de peixe. Não tenho mais do que viver.

— Vosmicê pesca aqui faz quantos anos?

— Uma porção deles — respondi. — Desde menino. Vinha sempre com pai.

— Vosmicê sabia que quem governa esse mar é uma sereia? O nome dela é Iemanjá e ela é a rainha do mar. Iemanjá manda nisso tudo e tudo pode. Ela só não gosta de ingratidão. Vosmicê alguma vez já deu algum presente pra ela?

— Presente?

— Isso mesmo. Ela dá os peixes pra vosmicês e vosmicês, cadê? Nada.

— E que presente eu posso dar pra ela, dona?

— Iemanjá é bonita e faceira. Tudo que as mulheres da terra gostam ela também gosta: espelho para ver sua formosura, perfume pra se perfumar, pente pra se pentear... Ela também gosta muito de flores pra enfeitar as águas do mar. Dê um presentinho pra ela, moço, e aconselhe seus camaradas a dar também. Ela vai ficar contente, vosmicê vai ver. Quem agrada à rainha do mar não se arrepende. É o que lhe digo.

Acreditei nos conselho da dona, que, assim como apareceu, sumiu de minhas vistas. Avisei meus companheiro e logo começamo a jogar flor no mar e tudo o que a mulher falou. A gente saía de barco, ia lá pras lonjuras, onde nós achava que era a casa dela, e toma a jogar os presente na água! Cada coisa que nós atirava a gente ia adulando: Veja lá, dona moça bonita, dona rainha do mar, dona Iemanjá, veja lá se pode dar um jeito de arranjar uns peixinho pra nós. E foi assim que daí por diante os peixe voltou a aparecer.

Segundo o pescador, a notícia se espalhou, correu de boca em boca e, como era 2 de fevereiro, o dia em que a mulher surgiu para o velho, todo o povo do Rio Vermelho e também gente de longe ficou sabendo. Foi então que multidões de pessoas começaram a aparecer nessa data trazendo o seu presente a Iemanjá e fazendo seu pedido.

130

O velho pescador ainda tinha uma coisinha a dizer: "Inventaram por aí, não sei se é mentira ou se é verdade, que Iemanjá só recebe presente de gente que ela gosta. Quando é de gente falsa, interesseira, que ela não gosta, ela não aceita. Fica tudo boiando, não afunda como os de seu agrado".

Os balaios enfileirados à beira do mar, no largo de Santana, começam a ser enchidos desde a madrugada do dia 2 e a fila que se forma para chegar a eles só termina no fim da tarde, quando a brisa do mar sopra mais forte e ajuda a empurrar as embarcações carregadas de oferendas, que, em verdadeira procissão, vão se afastando da praia, mar adentro, lentamente, até se perderem no horizonte. É lá, nessas lonjuras, que os presentes são atirados à água.

O velho pescador ainda tinha o que contar. Rindo, ele acrescentou: "Com essa maluquice que inventaram de que Iemanjá só aceita presente de quem ela gosta e que quando ela não gosta eles não afunda, ninguém nem imagina cada coisa que levam pra ela! Até máquina de costura eu já vi".

FESTA DE IEMANJÁ E CARNAVAL

A festa de Iemanjá nada tem a ver com o Carnaval, mas, mesmo que a data do Carnaval não coincida com a da festa, ao povo pouco importa.

A 2 de fevereiro, invadindo praças e ruas, montando barraquinhas de bebidas, a cerveja rolando solta, os "churrasquinhos de gato" não dando pra quem quer; o acarajé e o abará nos tabuleiros das baianas espalhados nas calçadas, música tocando alto... o povo dança, pula, se esbalda o dia todo e a noite inteira. Ele faz seu próprio Carnaval.

UM CARNAVAL A 2 DE FEVEREIRO

Recostada numa poltrona ao lado de Jorge, eu assistia pela televisão ao movimento do início do Carnaval. Era 2 de fevereiro e nesse ano as datas das duas festas coincidiam.

O largo do Rio Vermelho pegava fogo, com blocos carnavalescos invadindo a praça, o povo animado.

A televisão, em flashes, mostrava o movimento do centro da cidade, onde apareciam os grandes blocos e trios elétricos que não chegavam ao Rio Vermelho.

Naquele momento desfilavam, na praça Castro Alves, os Filhos de Gandhy, tradicional e gigantesco bloco tendo à frente, enrolado num lençol, o famoso Edmundo, magro, de óculos, o próprio sósia de Mahatma Gandhi — sósia na aparência e na dignidade de sua postura —, na mão direita um cajado, a outra segurando um cabritinho.

Agora surgia o bloco dos Internacionais, o de João Jorge. Ele saíra logo cedo, passara lá por casa fantasiado de pirata, viera para dar um beijo apressado: "Vou me encontrar com o pessoal dos Internacionais, mãe, hoje não almoço com vocês".

No seu bloco, em meio à confusão, descobri nosso pirata, pulando no maior entusiasmo: "Olhe só João! Veja, Jorge!", berrei apertando sua mão. Calado ele estava, calado continuou. Nem ao menos abriu os olhos. Ao alto de um trio elétrico, Margareth Menezes, voz esplendorosa, cantava e encantava. Sabendo da admiração de Jorge por ela, tentei ainda uma vez despertá-lo, mas qual! Aparecia agora Daniela Mercury, outra, maravilhosa, querida nossa. Mesmo sabendo de seu entusiasmo pela cantora, nem me animei a chamar--lhe a atenção.

Estávamos os dois sozinhos em casa, apenas os cãezinhos, ali, fiéis, Fadul e Morita, deitados em nossos colos. A mim faltava, sobretudo, a companhia de Jorge, sua vivacidade, seus divertidos comentários, sua mão apertando a minha.

A RAINHA DA RUA ALAGOINHAS

Durante muitos anos as festas do Rio Vermelho se estenderam até nossa casa. O aniversário de Lalu, também a 2 de fevereiro, era festejado desde o romper da aurora até as tantas da noite. Carybé, o infalível, era o primeiro a chegar. Despertava-nos e a toda a vizinhança, soltando, de nosso jardim, barulhentos rojões, saudando a alvorada.

Para essa festa do aniversário da mãe, Jorge abastecia a casa com tudo do bom e do melhor e em grande quantidade. Mesmo assim, houve dia de faltar até água para os retardatários, no final da noite.

A presença de Viturina, mãe-pequena do candomblé do Bate Folha, era infalível, com seu famoso tabuleiro repleto de cocadas, brancas e pretas, e abarás. Com seu traje de baiana, instalada no jardim, não parava de fritar, num fogareiro ao lado, os mais deliciosos e dourados acarajés.

Nesse dia, Lalu era a própria Iemanjá, a receber cumprimentos, presentes e flores, de parentes, amigos ou de apenas conhecidos. Até desconhecidos iam chegando — não era *open house*? Sabendo do aniversário da mãe do escritor, havia quem aproveitasse a chance de conhecer a tão falada casa, levando, ao mesmo tempo, um presente para a rainha do mar e outro para a rainha da rua Alagoinhas.

Um gavetão da cômoda de Lalu ficava abarrotado de perfumes, talcos e sabonetes que ela recebia com prazer. Os presentes chegavam e mergulhavam no tal gavetão, jamais eram devolvidos, como, por vezes, acontecia com alguns de sua colega de festa, a caprichosa Iemanjá. Nas flores Lalu nem tocava, passava-as em seguida para mim, eu que tratasse de colocá-las em vasos, tantos que nem davam conta do recado. "A casa é tua", dizia, "são para enfeitar tua casa..."

O que mais encantava Lalu era receber seus parentes, os sobrinhos que ela amava muito, e, sobretudo, abraçar seu irmão Firmo Ferreira Leal, a quem ela chamava de Zé Pedro. Coronel do cacau, desbravador da mata, homem direito, tio Firmo, mais do que a irmã, muito mais, tinha traços indígenas, não negava a raça. Ferreira Leal ele herdara do bisavô português que caçara a bisavó "a dente de cachorro".

Até mamãe veio de São Paulo, certa vez, para o aniversário de Lalu. Ela tricotara um xale de lã para oferecer à aniversariante. Achamos que ela devia entregá-lo pessoalmente, aproveitando assim a ocasião de conhecer a festa de Iemanjá.

Enfrentando o medo do avião — ela dizia só temer a decolagem e a aterrissagem. Quando se via sobrevoando as nuvens, sentia-se garantida e o medo passava.

Lalu ficou contente com a vinda da "velhinha". Era assim que ela se referia a mamãe, sendo que a "velhinha" era alguns anos mais nova do que ela. Em outras ocasiões que mamãe viera à Bahia, ficavam as duas conversando horas sem parar, mamãe grudada num tricô ou num crochê e Lalu contando histórias dos filhos, elogiando-os a mais não poder.

Lalu recebeu o xale: "Bonito, hem?". E em seguida comentou: "Coitada de dona Angelina, vive em São Paulo, uma geladeira, e pensa que na Bahia também faz frio". Inda bem que a "velhinha" não ouviu o comentário.

Jorge fez questão de acompanhar mamãe à festa do largo para vê-la encantada com o movimento e a fila interminável de gente levando presente para Iemanjá: "Será que eles acreditam mesmo em milagres de sereia?".

Depois, em casa, mais assombrada ficou ao ver o entra-e--sai de pessoas que cumprimentavam a aniversariante, comiam, bebiam e iam embora.

Já bem tarde, fazíamos comentários sobre o movimento do dia quando mamãe disse: —Achei uma beleza a baiana fritando os acarajés, um cheiro se espalhando... dava até água na boca!

— E quantos a senhora comeu? — perguntou-lhe Jorge.

— Nenhum — respondeu.

— Nenhum? Por quê?

— Eu nem sabia quanto custava...

Todo mundo caiu na gargalhada, e dona Angelina tratou de mudar de assunto:

— As pessoas aqui na Bahia são muito educadas. Teve até um homem que beijou minha mão.

— E a senhora beijou a mão dele? — perguntou Lalu rindo.

— Se eu beijei a mão dele? — admirou-se mamãe. — Imagine...

Lalu não perdeu a ocasião de divertir-se:

— Pois devia ter beijado. Aqui quando um homem beija a mão de uma mulher, ela beija a dele... Faz parte da educação baiana...

Mais tarde, a sós, mamãe comentou: "Essa sua *madona* é mesmo original!".

Não sei por que razão, mamãe sempre se referia a Lalu, chamando-a *madona*. Seria sogra em vêneto?

O último aniversário de Lalu foi festejado em 1972. Ela partiu, nos deixou em março desse mesmo ano. Desde então, nessa data, em nossa casa de portas fechadas restou apenas um vazio enorme, uma saudade imensa.

OS FILHOS DO TORORÓ

Diante da televisão os desfiles continuavam. Depois do trio elétrico com Daniela Mercury, aparecia agora o bloco Apaches do Tororó. Não resisti, me animei novamente: "Olha só, veja eles aí, os Apaches do Tororó!". Entusiasmada, apertei a mão de Jorge, mas não havia jeito, desisti.

Jorge nunca fora carnavalesco, não gostava de se meter em aglomerações, preferira sempre assistir tranquilamente pela televisão, estirado em sua poltrona, as loucuras momescas. Agora, nem mais isso. De olhos fechados, talvez ele apenas ouvisse o que se passava, mas nem disso eu tinha certeza. Não reagira ao meu entusiasmo diante do novo bloco que surgira. Mesmo assim, eu não desistiria de sempre tentar.

VOLTA AO PASSADO

O bloco que despertara minha exaltação fazia-me voltar a um passado alegre, relembrar-me do já distante Carnaval de 1969.

Convidado pela Escola de Samba Filhos do Tororó — que o homenagearia naquele ano — a assistir de um palanque ao desfile, no centro da cidade, Jorge não titubeou, aceitou satisfeito. Participaria da grande manifestação popular. Coerente com seus princípios de estar sempre ao lado do povo, ele não rejeitaria, de jeito nenhum, tão honroso convite.

"Jorge Amado em quatro tempos" era o tema do samba.

Lá do alto, com a família e amigos, Jorge não escondia a emoção e o entusiasmo diante daquela multidão a aclamá-lo, manifestação de carinho e amor de milhares de foliões. O povo, seu personagem preferido, lá estava a dançar e a cantar o tema musical do enredo, cheio de graça e invenção, do compositor Walmir Lima.

De quatro enormes livros, colocados num alto estrado, foram saindo, um a um: Gabriela, Vadinho, Dona Flor e Nacib, caracterizados com roupas escolhidas a dedo e capricho. Um esplendor!

Entre todas, a caracterização mais apreciada foi a de Dona Flor, bela e apetitosa mulata, envergando um vestido justo a ressaltar as formas do poderoso violão! Imensa flor fora colocada sobre a "perseguida", como explicou em seu linguajar o responsável pelas fantasias, Carybé. Ele fora procurado pela escola, pediram-lhe que se ocupasse das caracterizações dos personagens. O artista nem pestanejou, aceitou. Era tudo o que desejava: "Para meu compadre Jorge, tudo! Estou sempre pronto", respondera.

O povo cantava, dirigindo olhares e acenos para Jorge, que não cansava de agradecer-lhes, acenando-lhes também com gestos e sorrisos.

Walmir Lima caprichara na letra, que aqui reproduzo:

Escritor emocionante,
Realista sensacional,
Deslumbrou o mundo,
Oh! Jorge Amado genial.
Sua obra em quatro tempos
Apresentamos neste Carnaval:
Do território mágico e real,
Grandeza da literatura nacional,
Extraiu dos seres e das coisas
Um lirismo espontâneo.
Glória, glória, do romance brasileiro
Contemporâneo! [o povo cantava "contemporã"]

Foram essas suas obras escolhidas
Para serem exaltadas, revividas:
Bahia de Todos-os-Santos,
Gabriela, cravo e canela,
Dona Flor e seus dois maridos
E O país do Carnaval.
Louvemos, pois,
As glórias alcançadas
Na sua grande jornada,
Nesse mundo de meu Deus,
Pois tudo que mostramos na avenida
São histórias já vividas
Contadas nos livros seus.
Escritor!

Tão emocionado ficou Jorge, diante da invenção e singeleza daqueles versos, que resolveu transferi-los a Pedro Archanjo, personagem de *Tenda dos Milagres*, livro que estava escrevendo na ocasião, talvez o seu preferido.

Tenda dos Milagres é o romance que — sem medo de errar — mais retrata seu autor. Eu encontro em Pedro Archanjo facetas do caráter e da personalidade de Jorge. Pela boca de Pedro Archanjo ele repetia o que pensava. Num dos capítulos do livro ele fez o mestre dizer uma frase sua, uma resposta que dera um dia a alguém que o provocara: "Como é que pode, Jorge Amado? Você se diz materialista e é obá de Xangô, frequentando terreiros de candomblé?". Ao que Jorge respondeu: "Sou materialista, mas meu materialismo não me limita". Agora ele transferia para Pedro Archanjo, em *Tenda dos Milagres*, a música que fora feita para ele no Carnaval.

Escritor emocionante

Realista sensacional
Deslumbrou o mundo
Oh! Pedro Archanjo genial.
Sua vida em quatro tempos
Apresentamos neste Carnaval.
Do território mágico e real
Grandeza da inteligência nacional
Extraiu dos seres e das coisas
Um lirismo espontâneo.
Glória glória
Do mulato brasileiro
Contemporâneo
Glória glória.

BATATINHA

A relação de Jorge com os poetas populares da Bahia era muito próxima. Deles recebia o escritor as mais surpreendentes manifestações de carinho, com eles aprendia.

Dona Flor e seus dois maridos fora filmado no Centro Histórico de Salvador. O Pelourinho, palco da história e das filmagens, vivia lotado, todo mundo querendo ver Sonia Braga, José Wilker, Mauro Mendonça, Nilda Spencer, todos ali dando sopa... Bruno Barreto, o jovem diretor, via-se doido com o povaréu a dizer piadas, muitas vezes atrapalhando a filmagem.

Foi nessa ocasião que Jorge recebeu uma visita do famoso cantor e compositor popular Batatinha. Entusiasmado com as coisas que ouvia sobre *Dona Flor*, resolvera entrar na dança, compôs uma música: "Vim cantar para o pai da moça a música que fiz para ela", disse rindo, ao chegar em nossa casa, naquele dia.

Letra ingênua, valorizada pelo autor, que a cantava dando uns remelexos de corpo:

Calma no amor,
Dona Flor com seus dois maridos
Nessa eu não vou porque corre perigo.
Eu até acho graça como conserva
Um titular e outro reserva.

Pena não termos na ocasião um gravador, pois, da letra tão divertida de Batatinha, só me restou na memória o pouco que aqui reproduzo.

AINDA CARNAVAL

Jorge não era, como já disse, um folião, mas, por vezes, entregou os pontos. Chegou mesmo a desfilar, em 1989, no Rio de Janeiro, sobre um carro alegórico da Império Serrano, desfile comandado pelo carnavalesco Oswaldo Jardim.

Na semana anterior ao Carnaval, visitamos o barracão da Império, já apelidado de Tenda dos Milagres, onde se encontravam os carros do desfile. Conhecemos lá, nessa noite, a modelo Vanessa de Oliveira, rainha da bateria.

O presidente da Império, Oscar Lino da Costa Filho, convidou-me para ser madrinha das baianas e, com elas, em sua ala, desfilar na passarela. Ofereceu-me uma roupa da escola, linda de morrer! Aceitei a fantasia, agradeci o convite, mas preferi estar ao lado de Jorge no carro alegórico, vestindo a mesma roupa da ala de minhas afilhadas que se exibiriam no asfalto.

MANHÃ DE TERÇA-FEIRA

Três ou quatro — não recordo quantos — elefantes brancos, enormes, colocados em círculo, formavam a base para um tablado pousado em seus dorsos. Sobre esse tablado, ao alto do imenso carro, todo branco, de alegorias simbolizando Oxalá, desfilou Jorge.

A Império Serrano seria a última escola a desfilar, já na terça-feira pela manhã. A preocupação de Jorge não era a de ficar horas a fio de pé naquela altura, mas temia o sol daquela manhã de verão carioca, castigando. "Não se preocupe", disseram-lhe, "fará parte da decoração do carro uma tenda branca de cetim, colocaremos uma cadeira embaixo, onde o senhor poderá descansar se quiser e ficar abrigado."

De pé o tempo todo, Jorge desfilou no sambódromo da Marquês de Sapucaí, como tema do enredo "Jorge Amado Axé Brasil". A seu lado, a família: Paloma, Pedro Costa, Mariana e Cecília, suas netas, seu irmão, Joelson Amado, e amigos baianos vindos ao Rio como nossos convidados: a mãe de santo Olga de Alaketu, Luiz Domingos, filho de Maria de São Pedro, do Mercado Modelo, July, cronista de *A Tarde*, de Salvador, com um belíssimo traje de baiana, dançando sua dança, fazendo parte da alegoria do carro que enaltecia a Bahia. Os amigos Norma e Renato Martins, vindos especialmente de Salvador, estavam no carro conosco. Graça e Fernando Coelho também faziam parte do desfile. Atores consagrados, amigos inesquecíveis, como Grande Otelo, Paulo Gracindo e Henriqueta Brieba, estavam na primeira fila, ao alto, do carro alegórico. Por vontade de Jorge, todos os amigos ficariam conosco lá em cima, mas ele não conseguiu, acabou se convencendo: o carro não resistiria ao peso.

Enquanto aguardávamos o sinal para a saída, lá de cima ficamos localizando os amigos, todos de branco, que acompanhariam, no chão, o nosso carro. Não foi difícil descobrir entre tanta gente nossas amigas francesas, Misette Nadreau e Anny-Claude Basset, com elas Léa Freire. As francesinhas pulavam e cantavam no maior entusiasmo, mais brasileiras do que qualquer uma. E aquele, todo frajola, nos trinques, de terno branco, paletó, chapéu e bengala? Era Edwaldo Pacote. Em meio a mais de uma centena de amigos, conseguimos localizar: Ana Maria Magalhães, Walter Avancini, Walter George Durst, Mauro Mendonça, Ney Latorraca, Ruth de Souza, Rosa Maria Murtinho, Haroldo Costa, Jards Macalé, Antônio Pitanga, Dias Gomes, José Wilker, Milton Gonçalves, Dina Sfat, Daniel Filho, Tânia Bôscoli, Joana Fomm, Armando Bógus e tantos e tantos outros, todos amigos, atores e diretores responsáveis pelo sucesso das novelas e dos filmes sobre a obra de Jorge.

A Beija-Flor, penúltima do desfile, acabara de passar. Às nove horas em ponto, sol alto, foi dado o sinal de partida. Nosso carro, empurrado por homens fortes, foi deslizando lentamente pela passarela do samba, rodeado pelo cortejo de amigos, todos cantando o samba-enredo "Jorge Amado Axé Brasil", dos compositores Beto Sem Braço, Aluísio Machado, Bicalho e Arlindo Cruz, tendo como puxador Silvinho:

Sob os olhos graciosos de Oxalá
Desce a Serrinha
Esquenta o País do Carnaval
É muita pimenta, dendê e cacau.
Você sabe que tem festa, meu amor
Lá na Tenda dos Milagres, vem que eu vou, eu vou
Jubiabá tá no portão
E as iaôs jogam pitangas pelo chão
Com os pastores da noite
Vem gente lá das Terras do Sem-Fim
Oriundo lá das matas de Oxóssi e Ossain
O famoso Valentim
E ao som dos atabaques

Rola o suor dos Ogãs
Olha que papo maneiro
Entre os velhos marinheiros e
Os novos capitães
Vem gente que sofreu demais
Lá do sertão e da beira do cais
É doce morrer no mar
Nos braços de Iemanjá
Tereza Batista cansada de guerra
No samba de roda esquece as mágoas
Tieta se beber faz graça
Quincas Berro Dágua agitando a massa
Põe tempero na panela, Gabriela
Mexe, mexe com amor, cozinha com teu calor
Bota logo o vatapá na tigela
Quem mandou foi Dona Flor
É gente que chega e tem gente pra chegar
Êkchêupa ba ba, ê, êkchêupa ba ba
Axé Brasil, pai Amado saravá, saravá.

Entre aplausos, ovacionado pelo público, o povo das arquibancadas e os graúdos dos camarotes, nosso carro seguia lentamente. Milhares de pessoas que haviam passado a noite inteira ali, assistindo ao desfile de todas as escolas, não arredaram pé, continuavam firmes em seus postos e, na maior animação, saudaram a passagem de Jorge, aplaudindo-o de pé.

Em ritmo de samba, axé Brasil, axé Jorge Amado, lentamente, a Império Serrano percorreu a passarela e chegou nos oitenta minutos cronometrados, nem um a mais, nem um a menos, à praça da apoteose. Tempo curto demais para tantas e tamanhas emoções que jamais se apagariam.

Embora cercado de seguranças, ao descer do carro, Jorge não

deixou de abraçar e distribuir autógrafos aos integrantes da escola, que, segundo ele, lhe deu o maior prêmio de sua vida literária.

Rodeado de fotógrafos e repórteres, Jorge dizia: "Meu coração foi posto à prova hoje e acabei de descobrir que ele é forte. Jamais esquecerei este dia e acho que o desfile renderá muitas histórias".

No dizer de Charles Chaplin, "as coisas boas duram o tempo necessário para se tornarem inesquecíveis".

CARNAVAL DE 1985

Festejando a abertura política no país, o processo de redemocratização que vinha de acontecer com a eleição de Tancredo Neves e José Sarney, a cidade de Salvador fez o seu Carnaval inspirado em Jorge Amado. As manchetes de jornais diziam: "Os 'filhos' de Jorge no Carnaval da democracia".

A cidade estava se engalanando, o Carnaval seria em breve, quando resolvemos dar uma espiada pelo centro, onde trabalhavam na decoração. Mais de mil peças entre grandes e pequenas estavam sendo colocadas por toda parte: retratos de Jorge, de Gabriela, de Tieta, de Dona Flor, até o Gato Malhado e a Andorinha Sinhá estavam presentes...

Diante do painel central da decoração, na praça Castro Alves, vendo seu rosto num enorme medalhão e em volta da cabeça vários de seus personagens mais famosos, Jorge não se conteve: "Este aqui eu vou roubar para mim depois da festa". Esse painel, trabalho do mestre Juarez Paraíso, grande artista, belo amigo, na ocasião diretor da Escola de Belas-Artes, ele poderia ter conseguido sem roubar. O que será que aconteceu com ele? Não consigo saber do seu destino, só sei que Jorge não roubou nem ganhou, ficou encabulado de pedir.

Os detalhes da decoração das ruas resultaram de reuniões e discussões entre artistas, prevalecendo o do grupo de Edvaldo Gato, que venceu a concorrência pública feita pela prefeitura de Salvador. A equipe abrigava figuras do porte de Juarez Paraíso, Tati Moreno, Fernando Coelho, J. Cunha, Renato Viana, Poly entre outros. Não é preciso dizer mais nada, foi uma beleza!

CARNAVAL EM NICE

Relembrando Carnavais passados, como esquecer o de Nice, em 1990?

Não resistindo ao convite que lhe fizera nossa amiga Annie Sidro, carnavalesca número um, alma do carnaval de Nice, que homenagearia Jorge naquele ano, com entusiasmo ele aceitou o convite.

Partimos para a França e, na companhia de Gilberto Gil e Flora, também convidados da dona da festa, participamos juntos de todas as solenidades, muitas.

O enredo "Jorge Amado Axé Bahia" imperava nas ruas de Nice, o povo nas avenidas cantava e dançava. A beleza da Bahia, representada em alegres alegorias, enfeitava as ruas da cidade.

Envergando a minha bela baiana, a do Império Serrano, que sabiamente eu levara, participei de um bloco na passarela. Dentro das várias saias rodadas e do corpete bordado, sem esquecer o torço com largas pontas engomadas, eu fazia sucesso, sentindo-me a própria baiana, e lá me fui para o desfile.

Enquanto Jorge assistia da arquibancada, eu caprichava no requebro, sambando. No auge da animação, arrisquei até uns passos mais ousados. Fizeram roda em torno de mim e, sozinha no centro, me espalhei. Achei que Jorge ia adorar o meu

sucesso, mas qual! Ciumento como ele só, apenas disse: "É...
não precisava ter exagerado tanto!".

ETA CARNAVAL PORRETA!

"Eta Carnaval porreta" foi o tema do Carnaval de Salvador
em 1997, homenagem a Jorge Amado.

Nesse Carnaval temático, idealizado pela criativa e dinâmi-
ca Eliana Dumet, embora fatigado (havia pouco ele fora submetido a uma angioplastia), Jorge não recusou o convite de Antônio
Imbassahy, que iniciava sua primeira gestão como prefeito de
Salvador, para assistir, do palanque oficial no Campo Grande,
ao desfile em sua homenagem.

Tieta foi a figura principal do Carnaval; junto com ela, dis-
tribuídas, de pé, ou penduradas, pelas praças e por toda parte,
graciosas cabras e bodes, trabalho de nosso Mestre Calá, xilo-
gravuras recortadas em madeira, figuras das ilustrações que ele
fizera para o livro *Tieta do Agreste*.

A conselho médico, Jorge devia sair da cidade alguns dias
antes do Carnaval, para repousar. Fomos a Itacimirim descansar
num aprazível e tranquilo hotel.

REPOUSO EM ITACIMIRIM

Dias depois, no nosso isolamento em Itacimirim, recebemos a visita de artistas que participariam da folia, fazendo parte
do bloco Os Amados Amigos de Jorge. Como esquecer Regina
Dourado, que apareceu com um chapéu de abas largas, vestido
muito justo, vermelho de bolas brancas, uma verdadeira Tieta?
A animação do grupo, que passou conosco horas alegres, nos

146

incentivou a voltar para a cidade. Ficamos sabendo que mais de quinhentos convidados, entre artistas, intelectuais e amigos, desfilariam. Pessoas as mais íntimas e queridas lá estariam: atores encarnando os personagens dos livros, outros de camisetas estampadas com o rosto de Jorge, a cabra de Tieta e os dizeres: "Bloco Os Amados Amigos de Jorge".

Chegamos à cidade na véspera da abertura do Carnaval.

No camarote oficial, no Campo Grande, os médicos Tânia e Jadelson Andrade, fiéis amigos e guardiões da saúde de Jorge, lá estavam de prontidão. Ao nosso lado, o governador Paulo Souto, o prefeito Antônio Imbassahy e o presidente do Senado, Antônio Carlos Magalhães, todos com as camisetas do bloco.

Encantados, víamos passar nossos amigos caracterizados, uma verdadeira graça. Que eu me lembre: Regina Dourado, uma resplandecente Tieta; Nilda Spencer, de nosso coração, era Maria Machadão, sem tirar nem pôr; o jornalista Eduardo Tawil, nosso Duda, presente nas horas certas, aparecia na pele de Fadul Abdala; Carlos Petrovitch, diretor da Escola de Teatro, encarnava Pedro Archanjo; Jackson Costa era o próprio Vadinho; Daniel Boaventura, um austero Dr. Teodoro; Wilson Melo, um espetacular Quincas Berro Dágua.

Do alto de um trio elétrico, animado pela banda Didá, Caetano Veloso e Margareth Menezes cantavam o tema de Tieta, feito por Caetano para o filme de Cacá Diegues: "Eta, eta, eta, eta, é a lua, é o sol, é a luz de Tieta...".

Agora vinha um carro alegórico: sobre um caminhão, a famosa marinete de Jairo, o ônibus de Santana do Agreste ao qual o escritor conseguira dar vida, torná-lo personagem importante, com quem seu dono interagia como se fosse de carne e osso. Em cima da marinete, coronéis, mulheres-damas, gente da época.

Um trio elétrico com Daniela Mercury e Carlinhos Brown,

a maior beleza! Ainda outro com Armandinho, o incomparável, com seu mágico cavaquinho...

Fico às vezes pensando se tantas e tais emoções não teriam contribuído para o agravamento da saúde de Jorge, mas prefiro achar que tantas e tais emoções o teriam ajudado a aproveitar a beleza da vida, teriam prolongado sua alegria de viver.

VISITA INESPERADA

Voltando de minhas divagações, continuava eu assistindo ao Carnaval pela televisão, quando o telefone tocou.

— É dona Zélia? Não sei se a senhora sabe quem eu sou. Meu nome é Edu Casanova.

— Edu Casanova? O do trio?

— Isso mesmo. Estou em Salvador, onde vou desfilar.

O cantor me consultava sobre a possibilidade de uma visita que pretendia nos fazer com dois índios.

— Pataxós? — perguntei.

— Não, senhora, não são da Bahia.

O cantor Casanova me explicou então que seu bloco, naquele ano, homenagearia os nossos indígenas.

— Mas nem todos são índios — explicou —, apenas três chegaram como nossos convidados.

Um dos três índios recém-chegados estava interessado em fazer uma visita a Jorge Amado, ouvira falar muito nele em outras viagens que fizera à Bahia, sabia tratar-se de um homem que escrevia histórias e era famoso.

Desculpei-me, não estávamos recebendo visitas devido ao estado de saúde de meu marido.

— Pois, quem sabe, até seria bom receberem Raoni. Ele lida com pajelanças e até poderia dar uma olhada na saúde de seu marido.

— Raoni, o cacique?

Ao saber que era o cacique Raoni quem desejava nos visitar, me animei. Eu conhecia o índio Raoni pelos jornais e até o víramos certa vez se badalando em Paris, fazendo sucesso nos Champs Elysées, com seu botoque nos lábios. Não custava recebê-lo e marquei uma hora para o dia seguinte.

Calasans Neto e Auta Rosa deviam ter interesse, disso eu tinha certeza, de conhecer de perto o famoso cacique. Além de mestre nas artes pictóricas, Calá é famoso por sua graça em contar anedotas, narrar histórias divertidas e inventar apelidos. Viajamos com o casal algumas vezes por esse mundo afora e, impressionado com a atividade de Jorge, andando sempre a quilômetros de distância da gente, descobrindo coisas, comandando, Calá o apelidou de Cacique, mas achou pouco e acrescentou Raoni, nome na época em evidência no Brasil. O apelido pegou e era só Raoni pra cá, Raoni pra lá... Certa vez, na Europa, Jorge sumiu, houve um desencontro e Calá, entre o desconsolado e o aflito, declarou: "Raoni abandonou a tribo!".

Convidei o casal, que, além de me fazer companhia nessa tarde da surpreendente visita, havia de gostar de conhecer o índio pessoalmente.

PARTIDAS DE CRAPÔ

Havia algum tempo, já não tendo o que inventar para chamar Jorge à realidade, eu astuciara jogar baralho com ele, distraindo-o com umas partidas de crapô, inocente paciência a dois. Eu distribuía as cartas do baralho na mesa e ele, saindo às vezes de sua apatia, colocava as que eu lhe dava no lugar certo. Para vê-lo esboçar um sorriso, eu chegava a inventar que ele estava roubando e era aí então que ele me dava a alegria de sorrir.

A VISITA

Estávamos, naquela tarde, terminando uma partida de crapô, quando chegaram Raoni e um pajé, comboiados pelo cantor Casanova. Recolhi da mesa as cartas do baralho, Jorge voltou a fechar os olhos e baixou a cabeça.

Mesmo sem cocar nem plumagens, ambos de camisetas de malha e calças jeans — pondo à parte o famoso botoque de Raoni —, eu os identificaria, sem pestanejar, como dois índios autênticos.

Magro, sério, simpático, o pajé sentou-se na cadeira que lhe ofereci e, talvez encabulado naquele ambiente de gente estranha, lá permaneceu, sem dizer uma única palavra o tempo todo. Mais desinibido, Raoni sentou-se em seguida ao lado de Jorge, tentando entabular conversação. Mesmo não havendo resposta ao que dizia, não se intimidou, continuou falando.

De ouvidos atentos, tentando compreender o que Raoni dizia, nem Rosa, nem Calá, nem eu conseguíamos pescar bulhufas. Ele falava baixo e rápido. Perdi a cerimônia, coloquei-me atrás de Jorge, baixei a cabeça e encostei-a ao seu rosto. Colhendo uma frase aqui, uma palavra mais adiante, compreendi então que Raoni tentava contar a história de uma caçada. Ele dizia: "Então o caititu correu pro mato... eu corri atrás do caititu, mas eu não vi pra onde o caititu foi... o caititu estava escondido...".

Essa história, com uma sequência interminável do caititu fugindo das mãos do caçador, parecia não acabar. Eu já não podia esperar pela hora fatal, quando o nosso herói disparasse a flechada decisiva e atingisse o pobre animal. Jorge devia repousar e eu resolvi por bem encerrar o relato:

— Vamos parar por aqui, meu amigo? — disse, pondo-me de pé.

Surpreso ao ser interrompido no melhor da festa, Raoni protestou:

— Eu não estava nem na metade... Se ele quer escrever esta história, ele tem que saber ela inteira... Não um pedaço...

Na maior ingenuidade, Raoni revelava a sua intenção, o que pretendia, ao contar ao escritor a sua história.

— Fica para outra vez — disse-lhe. — Quando ele for escrever, você lhe contará o resto.

— Ele está doente?

— Está — respondi.

Raoni pôs-se de pé:

— Então vamos lá pra fora que eu vou ver se dou um jeito nele. Só ele vem comigo, mais ninguém.

— Eu também vou — respondi. — Se eu não for, ele não vai.

Diante daquela mulher obstinada, que jeito senão permitir a sua presença durante a pajelança?

Lá fora, no terraço, junto ao jardim, o cacique pediu-me que tirasse a camisa de Jorge. A camisa foi retirada. Pediu-me uma bacia com água. A bacia veio.

De uma sacola ele retirou alguns canudos e, na maior rapidez, encaixando um no outro, armou um cachimbo de tubo longuíssimo, colocou o fumo, acendeu.

Começou então uma sessão de tragadas e baforadas de não acabar, entremeadas de frases ininteligíveis que eu deduzi tratar-se de preces indígenas.

Ele puxara pelo cachimbo a mais não poder, soltara baforadas de fumaça, escarrara com estrépito, cuspira na água da bacia, fizera suas rezas, e nada! O homem era durão, continuava calado, de olhos fechados, cabeça pendida.

Meio perdido, Raoni desmontava o cachimbo quando, de repente, batendo o olho no peito de Jorge, descobriu algo que latejava. Tratava-se de um marca-passo, ali colocado para fortalecer seu coração.

151

Apontando com o dedo o local que palpitava, Raoni não disfarçou sua vitória:

— Olha! Descobri! Ele tem um tumor...

Tratei de aquietá-lo:

— Não é um tumor, não, meu amigo, isso é um marca-passo.

— Marca-quê?

— Marca-passo, colocado pelo médico — disse.

— E que é?

Ele ouviu minha explicação, mas não se conformou, insistiu:

— Isso é um tumor e eu vou arrancar ele fora.

Alarmada, perguntei:

— Arrancar, como?

— Eu vou dar uma chupada nele e ele sai logo.

Nesse momento, Jorge levantou a cabeça, abriu os olhos e disse:

— Zélia, leve esse índio daqui!

Convencido de que sua pajelança havia surtido efeito, Raoni ainda tinha um pequeno detalhe a acertar. Falou baixo ao ouvido de Edu Casanova, que, meio encabulado, transmitiu o recado:

— Ele está dizendo que é preciso pagar para que a cura continue positiva.

— Pagar, quanto? — perguntei.

— Pouco — respondeu o jovem. — Uma coisa apenas simbólica, uns dez reais.

— Que dez reais? — exaltou-se o índio. — Vinte, trinta, quarenta, cinquenta...

Com cinquenta reais no bolso, lá se foi Raoni, com apenas a metade de sua história contada, mas com a vaidade e o orgulho de ter conseguido fazer o escritor, o "durão", abrir os olhos e falar.

O EXU SETE PINOTES

Protegido por Sete Pinotes, o Exu que pousara a mão em sua cabeça, Luiz da Muriçoca sabia das coisas, tinha poderes.

Pai de santo do terreiro de Exu, na Vasco da Gama, Luiz da Muriçoca era um bom amigo. Não falhava no momento necessário quando, por exemplo — história já contada e que não me canso de repetir —, ao ser chamado para acalmar nossa empregada que não cumprira uma promessa feita a são Cosme e são Damião — os Ibêjis — e, possuída pelos meninos, cometia os maiores desatinos lá em casa. Entre outras coisas, a mocinha, magra como ela só, levantara Jorge — na ocasião bastante pesado — e, com ele nos braços, saíra a dançar e a cantar: "Vovô, vovô, vovô...".

Chamado às pressas, pressuroso, Muriçoca chegou, fez umas perguntas e em seguida diagnosticou: "Está possuída". Pediu que o deixassem a sós com a moça e, em três tempos, botou os Ibêjis fora de combate. Assim era nosso amigo, prestativo e poderoso.

Ao alto de uma ribanceira, barranco de difícil acesso, fomos certa vez ao seu terreiro para uma festa muito especial. Nesse dia Muriçoca receberia Exu Sete Pinotes, seu protetor, espetáculo único, de não se perder. Carybé, o maior entusiasta de Exu — foi quem mais foi —, aproveitaria para fazer desenhos do pai de santo em transe, enquanto Jorge aprenderia mil coisas para escrever um dia. Eu me divertiria.

Sentados em bancos de madeira, ao ar livre, em meio ao pessoal da casa e de outros convidados, aguardávamos Muriçoca, que, dentro do pequeno e modesto barracão, realizava uma cerimônia secreta para chamar e receber o seu santo. Só depois ele viria compartilhar a festa com seus convidados.

Ouviu-se de repente um estrondo, a porta do barracão se

abriu e dela saltou Muriçoca, não aquele senhor pacato que conhecíamos, mas um lépido e saltitante jovem, o próprio Sete Pinotes.

"Ele está endiabrado", comentei, assombrada diante daquela metamorfose.

Um aperto no braço e um discreto psiu fizeram-me entender a advertência de Jorge: eu não devia prosseguir com meus comentários. Foi até bom o aviso, pois nem cheguei a dizer "é o próprio capeta", que ficou na ponta da língua.

Como havia eu esquecido a bronca que levara, certa ocasião, de Mãe Senhora? Perguntara-lhe, na minha santa ignorância, se Exu era o Diabo.

— Nunca mais me repita uma coisa dessas! — ralhou a poderosa ialorixá. — Exu é brincalhão, gosta de pregar peças, mas é muito bom, boa pessoa — disse-me ela, tentando encerrar o assunto.

— Então por que é que ele tem rabo e chifres? — insisti.

— Ora veja só! Quanta curiosidade! Cada um é como é...

Sete Pinotes não tinha rabo nem chifres, mas pintou o diabo servindo-se do corpo de nosso amigo. Pinote — nome bem aplicado — dava saltos, mexia com todo mundo, dizia coisas que nem eu nem ninguém entendia, arrancou o lápis da mão de Carybé e saiu com ele apontando o céu, dançando. Jorge se prendeu para não rir, mas eu não me contive ao ver a cara de Carybé quando seu lápis foi jogado fora, voando longe, pelos ares. Eu nunca assistira, nem voltei a assistir a cerimônia igual.

Depois daquela ida ao candomblé da Vasco da Gama e de constatar a dificuldade que havia para subir-se ao terreiro, Jorge procurou o prefeito da cidade, mostrou-lhe a importância cultural daquela casa e conseguiu que a prefeitura resolvesse o problema urgente, mandando fazer as escadas tão necessárias.

VISITA DE LUIZ DA MURIÇOCA

Sabendo que Jorge estava com problemas de saúde, Luiz da Muriçoca apareceu para visitá-lo. "Vim aqui lhe ver, meu amigo."

Estirado em sua poltrona, olhos fechados, Jorge nem tomou conhecimento da presença do pai de santo.

Senti em Luiz da Muriçoca a tristeza estampada no rosto. Contei-lhe tudo o que já fora feito para, ao menos, tirar o amigo daquela apatia. Lembrei-me de Sete Pinotes, orixá forte que tudo podia, inclusive transformar Muriçoca, um senhor pacato, num jovem serelepe, como tivéramos a oportunidade de ver. Eu estava a fim de tudo.

— E se você apelasse para Sete Pinotes e fizesse um ebó bem forte? — sugeri.

— Era no que eu estava pensando — disse ele, sem nenhuma convicção.

— E então!

— Então, talvez nem seja caso para ebó... Quem sabe até possa ser alguém que esteja sentindo falta dele, querendo companhia...

Muriçoca não ousou dizer em quem estava pensando. Eu também já pensara a mesma coisa, mas não dissera nada, tratara de afastar de mim tal pensamento. Não, um amigo tão querido, tão bom, não iria fazer uma coisa dessas comigo, querer levá-lo de mim.

— Muito bem — disse finalmente o pai de santo. — Vamos tentar o ebó, mas vamos fazer um despacho bem forte, de animal de quatro patas. Vai custar um pouco caro, mas é o jeito.

Forneci o dinheiro para comprar tudo o que estava na lista que ele me apresentou, a começar pelo bode.

— Onde é que vai ser feito o trabalho? — quis saber.

— Debaixo de uma árvore que dê bastante sombra.

Lembrei-me de que naqueles últimos meses, quando Jorge ainda tomava conhecimento das coisas, costumávamos ir pela manhã ao Parque da Cidade, andávamos por ali tudo, sentávamos depois para descansar num banco à sombra de uma enorme e frondosa árvore, passeio que ele gostava muito e lhe fazia bem.

Sugeri fazerem o despacho no Parque da Cidade, mas Muriçoca já havia escolhido outro local:

— Vai ser no Dique do Tororó, bem cedo, antes de começar o movimento por lá.

— Deve ser feito mesmo muito cedo — disse, concordando com Muriçoca.

Costumávamos fazer nossas caminhadas no Parque da Cidade, lugar tranquilo, mas Jorge gostava de, vez ou outra, variar andando em torno do dique, mais movimentado, mas que lhe dava grande satisfação.

Ele ficara entusiasmado com a transformação do imenso lago infectado, com um mau cheiro insuportável e mosquitos transmitindo doenças, num belo lago com água tratada. No centro do lago foram colocadas esculturas gigantescas de orixás com fonte e iluminação à noite, obra de nosso escultor, Tati Moreno. Em toda a sua volta, uma bela faixa de jardim com grama e flores, pista para os que fazem cooper, sem contar as antigas e frondosas árvores.

OS CISNES DO DIQUE

Ao sermos convidados, pelo prefeito Imbassahy, para ir ao dique, numa certa manhã, Jorge já não pôde me acompanhar. Seu estado de saúde se agravara, seus passeios matinais já não se realizavam. Fui sozinha.

O prefeito recebera de presente quatro belos cisnes, um

casal branco e outro preto, que batizara de Jorge e Zélia e Camafeu e Toninha. Camafeu de Oxóssi, mestre de berimbau, dono de barraca no Mercado Modelo, nosso amigo querido, já havia morrido. O convite era para a cerimônia em que os cisnes seriam soltos no dique.

Reunidos os convidados, Toninha, viúva de Camafeu, a meu lado, aguardávamos o momento da libertação daquelas aves aprisionadas há nem sei quantos dias. A cerimônia começou com uns toques de berimbau e em seguida as portas das enormes gaiolas foram abertas. Pude assistir então a uma cena inesquecível, a luta pela liberdade. Com uma rapidez incrível, empurrando-se uns aos outros, saíram os quatro cisnes, quase ao mesmo tempo, enormes asas se abriram e os quatro subiram voando lá pelas alturas, sobrevoando o dique antes de pousarem na água e saírem deslizando de mansinho, um casal atrás do outro, um branco e um preto e, não o que todo mundo logicamente esperava: dois brancos e dois pretos. Sorrindo, Toninha comentou:

— Já pensou se eles estivessem aqui?

— Isso mesmo, iam se divertir — respondi.

Jorge, que sempre foi a favor da miscigenação, pensei, haveria de adorar o espetáculo e faria, certamente, comentários sobre os cisnes mulatinhos que viriam em breve enfeitar o dique.

Parece que a troca de casais não durou muito pois, nesse mesmo dia, quem passou pelo Tororó à tarde pôde vê-los, lindos, os dois casais deslizando pelas águas: o preto Camafeu com Toninha e o branco Jorge com Zélia.

NADA É POSSÍVEL: NEM EBÓ, NEM PRECES

Despacho feito a capricho, dias depois de sua visita lá em casa, Muriçoca apareceu. Rosto desfeito, um olhar de tristeza infinita. Nem precisava dizer nada para que eu adivinhasse, entendesse tudo. Nada perguntei.

A eficiência do ebó, que poderia ter sido um dos mistérios existentes entre o céu e a terra, não acontecera. As palavras de Luiz da Muriçoca foram lacônicas e definitivas: "Nada a fazer, nada é possível: nem ebós, nem preces".

CIDADE DA LUZ

A Cidade da Luz, em Pituaçu, complexo social de direito privado, idealizado e fundado por José Medrado em 1996, mantém, entre outros núcleos assistenciais, o Centro Espírita Cavaleiros da Luz.

Convidada por meu amigo Duda Tawil para conhecer o centro e José Medrado com sua pintura mediúnica, aceitei o convite com satisfação. Tinha ouvido falar sobre esse fenômeno e tinha vontade de vê-lo pintando, conhecê-lo pessoalmente, já que o conhecia pela televisão, onde comandava um programa semanal. Voltei impressionada com o que presenciara.

A primeira coisa que me chamou a atenção, ao entrar no grande salão do centro, foi o retrato de seu patrono, o médico dr. Bezerra de Menezes. Eu já ouvira falar nele, no Rio, sabia das curas milagrosas que seu espírito realizava, inclusive numa amiga minha, Misette, descrente como eu e que, depois dessa experiência, deixou de ser radical. Com um simples passe, as dores nos joelhos, que a vinham atormentando, haviam passado.

No salão da Cidade da Luz, repleto de gente, eu iria assistir a algo impressionante: vi José Medrado receber espíritos e pintar quadros, mediunicamente.

Homem de vários títulos, inclusive o de professor da escola de magistratura trabalhista, em Salvador, e que jamais manifestara em sua infância e juventude aptidão para desenhos ou pinturas, ali estava em minha frente, pintando quadros com o maior desembaraço.

Impressionou-me ver José Medrado em transe — assistido por Solange Liberato, dedicada secretária — pintar naquela noite, com os dedos melados de tinta, uma tela atrás da outra, seis ou sete quadros, já nem lembro quantos, de Renoir, Monet, Van Gogh, Toulouse-Lautrec e Gauguin, entre outros, levando de cinco a oito minutos para realizar cada obra. O pintor utilizava pincéis apenas para retratos; os quadros de paisagens e flores eram feitos simplesmente com as mãos e os dedos melados na mistura das tintas com a qual ele conseguia o milagre de realizar uma pintura harmoniosa e limpa, sem um borrão sequer.

Postos em exposição para serem vistos pelos presentes, os quadros foram leiloados e vendidos para, com sua renda, ajudar na manutenção do centro, do orfanato, do ambulatório médico e de outras atividades sociais por ele mantidas na Cidade da Luz.

Durante muito tempo, não tive oportunidade de retornar ao centro espírita. Jorge voltara a ser internado com problemas do coração e eu passara a dar prioridade à sua saúde, deixando de lado qualquer outra atividade, qualquer compromisso, não me afastando de seu lado.

Já que a ciência dos homens não estava conseguindo tirá-lo do abatimento em que se encontrava, eu resolvera sair em busca de milagres entre o céu e a terra. Minha última decepção tinha sido o trabalho feito por Luiz da Muriçoca e que nada resultara. Nosso amigo fora honesto e franco ao confessar que "nem ebó nem preces" poderiam dar jeito.

Agora, um telefonema de Medrado vinha despertar em mim novas esperanças. Ele acabara de chegar da Europa e soubera do estado de saúde de Jorge. Queria nos fazer uma visita.

À hora marcada ele chegou. Recebi-o na sala e, ainda de

pé, falei-lhe sobre a minha aflição. Naquele dia Jorge nem havia levantado, encontrava-se na cama.

Enquanto falávamos, comecei a sentir um forte cheiro de éter.

— Está sentindo alguma coisa estranha? — perguntou-me Medrado.

— Sim, um cheiro... parece éter... estou até atordoada — disse.

— Foi ele quem chegou. E assim que se anuncia.

Bastante tonta, perguntei:

— Quem foi que chegou?

— O médico que vai examinar seu marido — respondeu.

Ele não mencionou seu nome e eu nada perguntei, mas pensei no dr. Bezerra de Menezes.

Convidei-os a ir até o quarto onde, estirado na cama, Jorge se encontrava de olhos fechados.

— Jorge — disse-lhe —, tem visita pra você...

Ele não respondeu nem abriu os olhos.

— Deixe ele tranquilo — sussurrou Medrado.

Disse-me que à noite teríamos visitas. Ele próprio não voltaria, mas sim alguns médicos, entre eles o espírito de um japonês que fora, em vida, um grande cientista, especialista em depressão, problema pelo qual Jorge passava. Viriam examiná-lo e operá-lo, se fosse o caso. Para isso seria necessário que eu seguisse suas instruções à risca: vestisse Jorge de branco, pusesse fronhas e lençóis brancos na cama e, eu também de branco, colocaria um copo de água na mesinha de cabeceira ao lado dele. Às oito horas, sentasse a seu lado e lá permanecesse calada por duas horas. "Depois ele deve tomar a água do copo", concluiu.

Volto a afirmar que eu nunca me convenci de que Jorge estivesse inconsciente. Ele estava, simplesmente, revoltado contra a injustiça de não poder ler nem escrever. Por isso, durante todo

160

o tempo de sua enfermidade, nunca deixei de lhe falar, contar as coisas que se passavam lá em casa, mesmo sem obter resposta.

Repeti a Jorge, depois da saída de Medrado, as instruções que recebera para logo mais à noite, embora estivesse certa de que ele já as ouvira muito bem. Falei-lhe do interesse e do carinho desse homem que tentava nos ajudar.

Tudo o que me fora recomendado foi feito, e tive a impressão de que Jorge colaborou quando lhe mudei o pijama por um bubu branco, africano, que ele comprara em Dakar e usava em casa em dias de calor.

Tive a certeza de que ele estava realmente consciente, quando, às dez horas, lhe disse: "Agora vamos sentar". Ele não apenas se sentou como, voltando-se para a mesinha de cabeceira, apanhou o copo e tomou a água.

O coração cheio de esperanças, fiquei aguardando que aquela nesga de luz se ampliasse para a claridade de um luminoso sol. Mas nada mais aconteceu.

Ao ouvir Medrado, dias depois, senti o mesmo travo amargo da decepção que sentira ao ouvir o veredicto de Luiz da Muriçoca.

HOSPITAL SARAH

Chegávamos de Brasília, onde, no Hospital Sarah Kubitschek, Jorge fora examinado e submetido a tomografias computadorizadas, a testes e a vários outros exames.

Dr. Aloysio Campos da Paz, presidente e fundador da Rede Sarah de hospitais, viera à Bahia e fora à nossa casa por um motivo muito especial: combinar com Jorge a viagem a Brasília, onde ele seria examinado. Ficaria internado, os dias que fossem necessários, no Sarah DF, o mais bem montado hospital da rede, possuindo aparelhos os mais sofisticados. Jorge seria examinado pela dra. Lúcia Willadino Braga, neurocientista de muitos títulos pelo mundo afora. Além do mais, estava sendo aguardada a chegada de um renomado neurologista de Barcelona, dr. Javier, que em sua estada em Brasília participaria da formação de uma escola de neurologia na capital federal — o que foi feito e funciona até hoje. "O neurologista espanhol estudará comigo e Lucinha o caso de Jorge e dará um importante parecer", considerou o dr. Aloysio, acrescentando: "Como médico e amigo de Jorge não abro mão dessa oportunidade".

Nem seria necessário insistir, iríamos de qualquer maneira a Brasília.

Quanto aos males de seu coração, tínhamos tido assistência permanente. Dr. Jadelson Andrade, amigo e grande cardiologista, estava sempre a postos, atendendo-o a tempo e a hora. Agora surgia a oportunidade de tentarmos algo que pudesse aliviar sua cabeça, fazer diminuir sua tristeza, sua angústia.

Passamos uma semana no Sarah de Brasília. Nesses dias de internação, todos os exames possíveis e imagináveis foram feitos. A tomografia da cabeça foi o mais difícil. Ele não ficava imóvel como era necessário. Por duas ou três vezes foi preciso voltar ao início. Lembrei-me então de que uma das coisas que Jorge mais gostava e o tranquilizava era uma coçadinha nos pés. Pedi então permissão aos médicos, empenhados na difícil empreitada, para entrar na sala de exame e ficar a seu lado. Docemente, fui coçando seus pés e ele foi se aquietando. Após o sucesso do exame, o dr. Campos da Paz disse rindo: "Vou contratar a Zélia para, daqui por diante, coçar os pés dos pacientes irrequietos".

Do resultado desses exames nada se sabia ainda, mas eu confiava na competência dos médicos, estava otimista, certa de que tudo correra bem, contando inclusive com a estima e a confiança de Jorge por esse hospital. Ele fazia parte, havia algum tempo, da direção do Sarah como membro do Conselho de Administração do Serviço Social Autônomo — Associação das Pioneiras Sociais.

Recordo-me da vinda do presidente Mário Soares e do embaixador do Brasil em Portugal, dr. José Aparecido de Oliveira, à Bahia. Após o almoço que lhes oferecemos na casa do Rio Vermelho, Jorge fez questão de levá-los para visitar o Sarah de Salvador, dirigido pela dra. Patrícia Khan, médica competente, exemplo de organização e eficiência, que encantou os ilustres visitantes. Encantou-os ainda mais ver que um hospital de tal porte atendia pacientes de todas as classes sociais e nada, absolutamente nada, lhes era cobrado.

Ao saírem da visita, no portão, vários repórteres e fotógrafos de jornais os esperavam:

— Então, presidente, o que achou do Sarah?

— Bestial! — respondeu Mário Soares, prontamente.

Todos riram e o embaixador José Aparecido explicou:

— Por todas as partes onde Deus andou, o doutor Mário Soares passou antes. Por isso o que ele diz é verdade!

O CIGANO ANDALUZ

Naquela tarde de junho de 1999, uma "ave rara" apareceu lá em casa. Jorge participava de uma conversa com João Jorge e Dôra, sua mulher, quando a campainha tocou.

— Tem um homem todo "lascado" aí na porta, falando uma língua diferente — veio a empregada anunciar.

— A não ser gente conhecida, não estamos para ninguém — avisei. — Hoje é dia de descanso.

A moça foi e retornou:

— Ele está querendo entrar de qualquer jeito...

— Vá ver quem é — disse eu a João.

Meu filho voltou e, atrás dele, um homem alto, magro, barbas ralas e grande bigode, chapéu preto de abas retas e largas, um colete curto, como os dos toureiros espanhóis, a roupa toda "lascada", como dissera a empregada. De pé na soleira da porta, em tom solene, o homem se apresentou: *"Soy un gitano andaluz!"*.

Dito isso, o cigano andaluz foi entrando e, sem cerimônia, sentou-se ao lado de Jorge. Passou, em seguida, a contar, numa língua intercalada de português e espanhol, que caminhara léguas e léguas até chegar à casa de Jorge Amado, para conhecer a ilustre figura.

Animado até a chegada do cigano, Jorge agora mostrava sua contrariedade, baixando a cabeça, fechando os olhos.

"Estavan a tomar café? Pois que tragam para mim também", ordenou o caradura.

Tomou o café de um só trago. Com a colherinha pôs-se, então, a bater na xícara, dentro e fora dela, produzindo um som agudo, um tlintlim interminável e desagradável.

Vendo que ninguém lhe dizia nada, o cigano foi ficando cada vez mais saliente. Apontou para um gravador e uma máquina fotográfica que estavam em cima de um móvel. *"Voy contar algo e quiero que mi voz seja gravada e que me saquen fotos..."*

Surpresos e curiosos ao mesmo tempo, querendo ver até onde iria o atrevimento daquele tipo, ligamos o gravador e umas fotos foram tiradas.

Estava até divertido ver aquele homem horroroso, um mau cheiro de fazer inveja a um gambá, fazendo poses de galã para as fotografias. Extrapolando a nossa paciência, de repente ele estirou o braço e, com a ponta do dedo indicador, comprimiu a testa de Jorge, que recuou a cabeça. Para mim chegava, aguentara até demais:

—Vamos parar com isso? Faça o favor de se retirar! — disse eu com voz firme e forte, pondo-me de pé.

—Parar para quê? Me retirar, por quê? — replicou o atrevido, com ar de desafio, sem mover-se do lugar.

Nem precisei pedir a João que acompanhasse o cigano até a porta da rua, pois ele mesmo tomou a iniciativa de levantar-se e, vendo que não adiantava mais nos afrontar, não teve outro jeito senão obedecer, entregar os pontos. Saindo quase de ré, fuzilando a todos com o olhar e, ao chegar à soleira da porta, parou, fez um gesto de mão espalmada, como quem diz "deixa estar, jacaré, a lagoa há de secar e hei de ver o jacaré dançar". Com um solene *"Voy mas vuelvo!"*, lá se foi ele.

Amigos nossos, entendidos em assuntos de ebós e bruxarias, ao saberem da inusitada visita, foram unânimes em afirmar que o tal cigano era um ente do mal. Deram-nos várias explicações: as pancadas com a colherinha na xícara de café eram muito significativas e o dedo na testa de Jorge poderia ser até fatal.

Uma limpeza com folhas foi feita na casa toda, pelo enviado de um terreiro amigo. Quanto às fotos e à gravação da voz do *gitano*, a recomendação foi drástica: deveriam ser imediatamente destruídas, nem jogá-las fora era recomendado. O jeito era queimar negativos, fotos e a fita do cassete com sua voz. Tudo foi feito e as cinzas, atiradas ao mar.

O cigano andaluz não voltou a bater em nossa porta, mas não desapareceu do bairro. Foi visto pelas imediações, sobretudo no largo de Santana, no Rio Vermelho, pedindo esmola.

ANO 2000

Das festas nacionais ou comemorativas, a que Jorge mais gostava era a da passagem do ano. Não havia Natal, São João,

Carnaval, Sete de Setembro ou Dois de Julho entre outras festas que o entusiasmassem tanto quanto a do Réveillon.

O Réveillon daquele ano de 2000 se aproximava e eu podia sentir melhoras no estado de ânimo de Jorge. O tratamento que fazia, depois da estada no Sarah, surtia efeito. Ele já não vivia de olhos fechados e, às vezes, até respondia a algumas questões.

Jorge melhorava, mas, mesmo assim, não íamos fazer nada em casa nem convidar os amigos de sempre, como era o hábito, para brindar com champanhe, à meia-noite, a passagem do ano. Os meninos tinham compromisso, passariam o Réveillon com seus tios e primos e os familiares de Graciliano Ramos, chegados de fora para festejar a virada do ano 2000, aqui em Salvador.

Brindamos a passagem do ano aqui em casa, com champanhe, às sete horas da noite durante o jantar com nossos filhos. Depois, sozinhos, diante da televisão, assistimos ao movimento das festas e ouvimos o foguetório ensurdecedor, bombas e rojões espocando por toda parte.

À meia-noite em ponto, de pé os dois, como jovens namorados, nos abraçamos e nos beijamos com muito amor.

Se essa virada de ano passáramos sós, em compensação, no dia 1º atendemos a um convite de Marise Ramos para almoçar na casa que ela alugara em Itapuã, onde reunira as famílias Ramos e Amado no Réveillon. Jorge estreava um novo ano animado, falante, a tal ponto que chegou a conversar por telefone com nossa amiga Mafalda, viúva de Erico Verissimo, que vivia em Porto Alegre. Encantou-se com o sobrinho Maurício, filho de James, seu irmão. Não o via há vários anos e o reencontrava agora, casado, pai de família. Jorge parecia voltar à sua antiga forma, programando um almoço em nossa casa. "É um almoço para Maurício", declarou, abraçando o sobrinho.

O almoço foi feito, a família toda estava presente, mas,

166

nesse dia, Jorge já não se encontrava tão eufórico. Sentíamos, eu e os meninos, que mais uma fase de depressão se aproximava a passos largos.

ALMA NOVA

Eu ficara pessimista com os resultados de minhas experiências em busca de milagres.

Agora, mesmo que não me acenassem com uma cura completa e definitiva, eu ficara animada ao ouvir de dra. Lúcia Willadino Braga, ao nos despedirmos em Brasília, que Jorge iria melhorar e até, talvez, chegasse a escrever.

Jorge melhorava lentamente, passáramos mais um Réveillon tranquilo, o de 2001, mas ele ainda não manifestara desejo de escrever. "E por que não tentar?", pensei um dia.

Coloquei um bloco de papel ao seu lado, dei-lhe uma caneta.

— Escreva aqui, Jorge — disse-lhe, ao vê-lo bem-disposto.

— O quê? — perguntou-me, a voz fraca.

— O que você quiser... Faça, por exemplo, uma dedicatória, escreva uma frase...

Para Paloma e a o cunhada

Para Zelia, com toda
o carinho do

com um beijo
ardente

Para Zelia do meu
amor e e um beijo —
do

Bahia Zomo —

Debruçado sobre o papel ele escreveu rapidamente: "Uma frase, o que você quiser", e assinou.

— Agora, uma dedicatória — insisti.

"Um beijo para minha filha Paloma com todo o carinho do pai", e assinou.

Sem perder os traços e o estilo de sua caligrafia, às vezes quase ilegível, ele parecia ter tomado gosto. Virou a página do bloco e, sem que nada eu lhe dissesse, voltou a escrever: "Para João Jorge, com todo o carinho do pai", e assinou.

— E, para mim, nada? — pilheriei, fazendo-me de ofendida.

Novamente ele tomou da caneta e, sobre uma folha nova, escreveu: "Para Zélia com meu amor e um beijo do Jorge".

— Acho pouco, quero mais — ria, provocando-o.

Ainda numa folha em branco, ele escreveu: "Com um beijo ardente".

Guardo esses manuscritos e ainda outros, de momentos de tanta emoção quando, num grande esforço, ele tentava recuperar a vida e eu criava alma nova.

FESTA DE ANIVERSÁRIO

Ao completar oitenta anos, em 1992, a Bahia inteira comemorou. De todas as partes do Brasil chegaram amigos para abraçá-lo, e até Dorival Caymmi que, havia muito, não cantava em público, chegou com seus filhos para participar do show em homenagem ao amigo, no palco instalado no Pelourinho em frente à igreja Rosário dos Pretos. Cantaram também para Jorge: Maria Bethânia, Gal Costa, Margareth Menezes, Gilberto Gil, Gerônimo, Daniela Mercury e muitos outros artistas.

Das janelas de um casarão na ladeira, em frente ao palco, podíamos ver o Pelourinho repleto de gente e os artistas cantando. No alto da praça, o belo casarão azul da Fundação Casa de Jorge Amado todo iluminado e com faixas comemorativas.

Nesse dia, recebêramos para almoçar em nossa casa perto de cem pessoas, amigos chegados da França e da Itália, amigos do Rio, de São Paulo, de Recife, de Goiás, de Minas, de Porto Alegre, do Maranhão e do Piauí. Nem todas essas pessoas conseguiram chegar nessa noite ao Pelourinho para assistir ao show, fora impossível atravessar a enorme massa de gente que se comprimia nas ruas e avenidas, desde logo cedo.

Em 2001, Jorge completaria 89 anos. Faltavam ainda alguns meses para chegarmos a agosto, já havia dois anos que não se pensava em comemorações de aniversário. Em princípio, quando muito, faríamos um jantar familiar com os filhos e seus irmãos Joelson e James.

Voltáramos a passear pela manhã, mas já não íamos mais ao Parque da Cidade nem ao Dique do Tororó. Ficávamos caminhando por nosso jardim e, quando ele cansava, nos sentávamos num dos banquinhos: o debaixo da mangueira, o debaixo do pé de jambo do Pará, cujas flores solferino, ao cair, forram o chão, cobrindo-o como se fosse um tapete colorido, ou o debaixo do frondoso e velho sapotizeiro. Aí eu cantava para ele coisas de que ele gostava e coisas que eu inventava na hora, bobagens que o faziam sorrir. Raramente andávamos à noite. Eu tinha horror aos morcegos que vinham, não sei de onde, para se banquetear com os doces e deliciosos sapotis, sua fruta preferida, dos nossos sapotizeiros, as árvores mais antigas do parque, que viviam carregadas, embora atendessem com generosidade à gula desses repugnantes ratos com asas de seda negra.

Numa noite de muito calor, Jorge manifestou desejo de sair. Apanhou o boné e meteu-o na cabeça. Essa era sua maneira simples de manifestar a intenção de um passeio. Acendi todas as lâmpadas do jardim e saímos andando lentamente. Ao passarmos pela mangueira, a de manga carlotinha, a sua preferida, sentimos um perfume forte de jasmim. Admirei-me, jamais vira nem supunha que houvesse um jasmineiro por ali. Sentamos no banquinho ao lado do sapo de pedra com um filhote nas costas, surrupiado num dia de chuva, da casa de Carybé. As histórias desse sapo, que são muitas, creio já havê-las contado em outras ocasiões e, por isso, pelo sim, pelo não, fico por aqui.

No dia seguinte, logo cedo, voltei ao jardim, queria tirar a limpo o mistério do perfume de jasmim sem jasmineiro nem flor. Em frente ao banquinho onde se encontrava o sapo, não havia perfume algum. Procurei entre os arbustos, e encontrei uma planta com pequenas flores miúdas, verdes, nada parecidas com jasmim. Cheirei uma flor e me pareceu que ela guardava o mistério: tinha um vago perfume. Voltei à noite e nem precisei chegar perto das florezinhas verdes; à distância, senti o maravilhoso perfume que, ao me aproximar, se intensificou — somente à noite era exalado: um jasmineiro selvagem, com certeza.

ADEUS, MEU QUERIDO

Faltavam apenas quatro dias para o aniversário de Jorge: ele completaria 89 anos.

Paloma, que passara o dia todo ao nosso lado, tinha um compromisso, precisou sair. Antes de chegar à garagem, no fundo do jardim, ela escorregou, levou uma forte queda e voltou para casa. Em seguida à saída de Paloma, percebi de repente que, com a mão sobre o peito, Jorge gemia baixinho.

Nem precisei chamar por minha filha, ela voltava depois da queda, eu já não estava só na minha aflição. Telefonamos, em seguida, para Jadelson, que ordenou que o levássemos imediatamente para o hospital.

Os males do coração, que havia algum tempo não davam sinal de vida, voltavam novamente a se manifestar, desta vez dando sinal de morte.

Nesse mesmo 6 de agosto, Jorge nos deixou.

Leio parte de uma frase, a última de *Navegação de cabotagem*: "Não vou repousar em paz, não me despeço, digo até logo, minha gente, ainda não chegou a hora de jazer sob as flores e o discurso".

Sentada no banquinho, sob a frondosa mangueira onde estão as suas cinzas, ao lado do sapo com o filhinho nas costas, invento uma cantiguinha que me traz de volta o sorriso de Jorge:

Cadê o seu Jorge?
Está no seu jardim
Ao lado de Zélia
E de um pé de jasmim.

Salvador, 28 de março de 2005

ESTA OBRA FOI COMPOSTA PELA RITA DA COSTA AGUIAR
ESTÚDIO EM FAIRFIELD E DIN E IMPRESSA PELA PROL
EDITORA GRÁFICA EM OFSETE SOBRE PAPEL PÓLEN SOFT
DA SUZANO PAPEL E CELULOSE PARA EDITORA SCHWARCZ
EM JANEIRO DE 2013